Come disegnare per i bambini

Young Scholar

Young Scholar
An imprint of Ciparum LLC

Come disegnare per i bambini
© 2017 Ciparum LLC
All rights reserved.
ISBN 10:1-63589-493-X
ISBN 13:978-1-63589-493-6

www.youngscholar.co

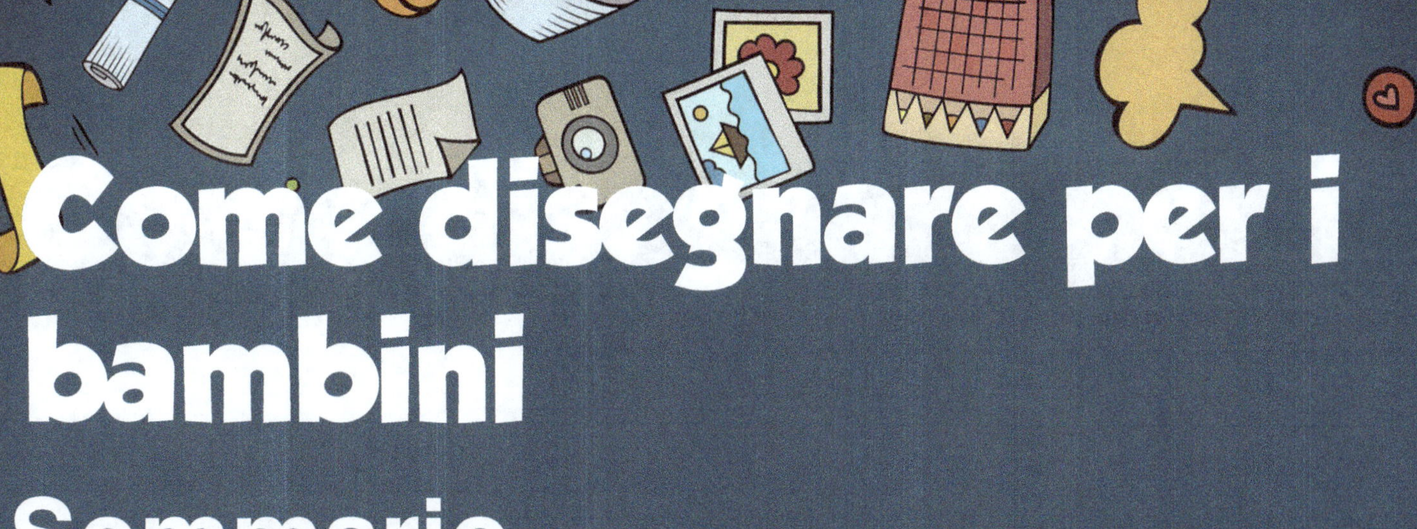

Come disegnare per i bambini

Sommario

Alligatore

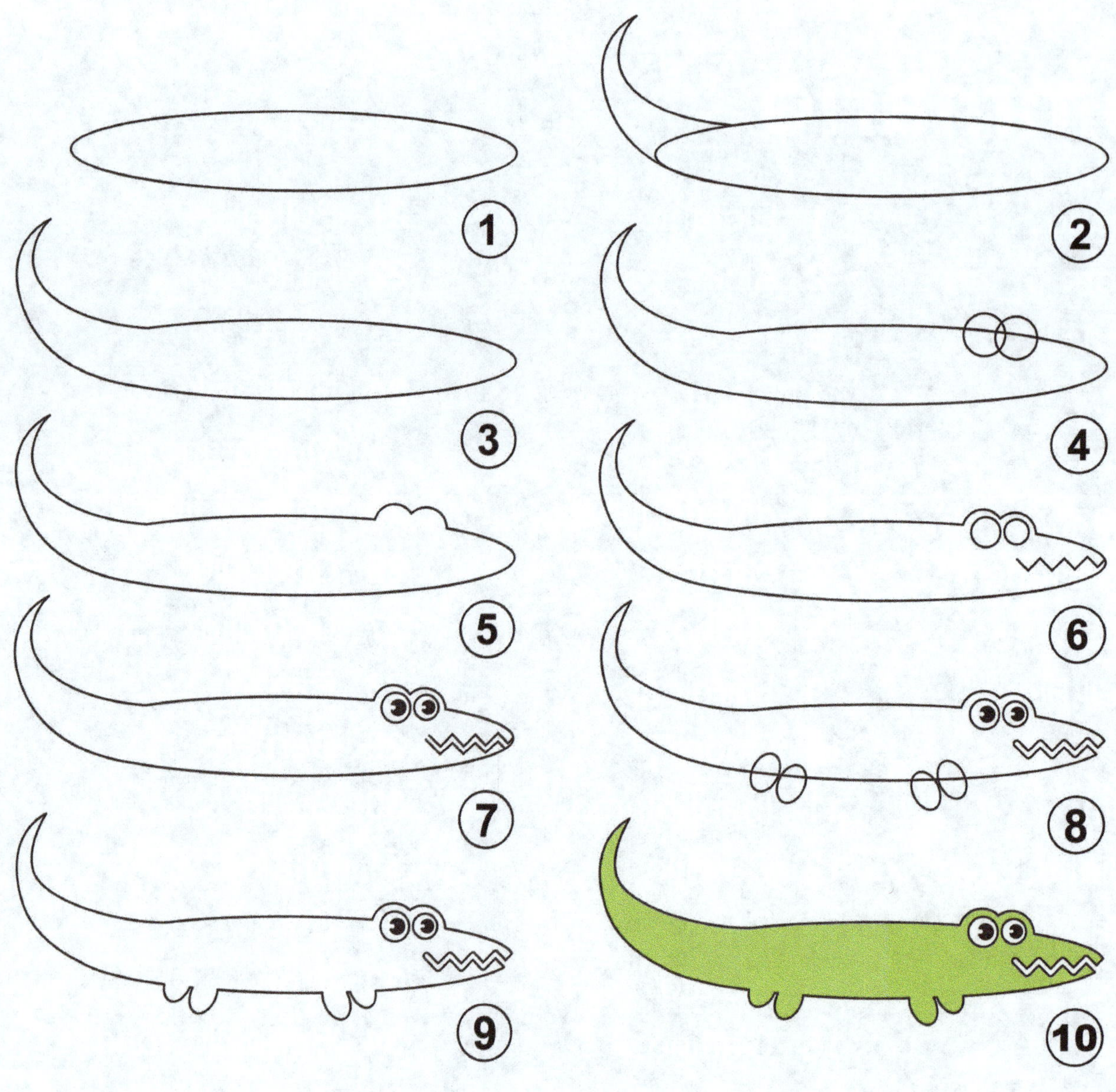

Formica

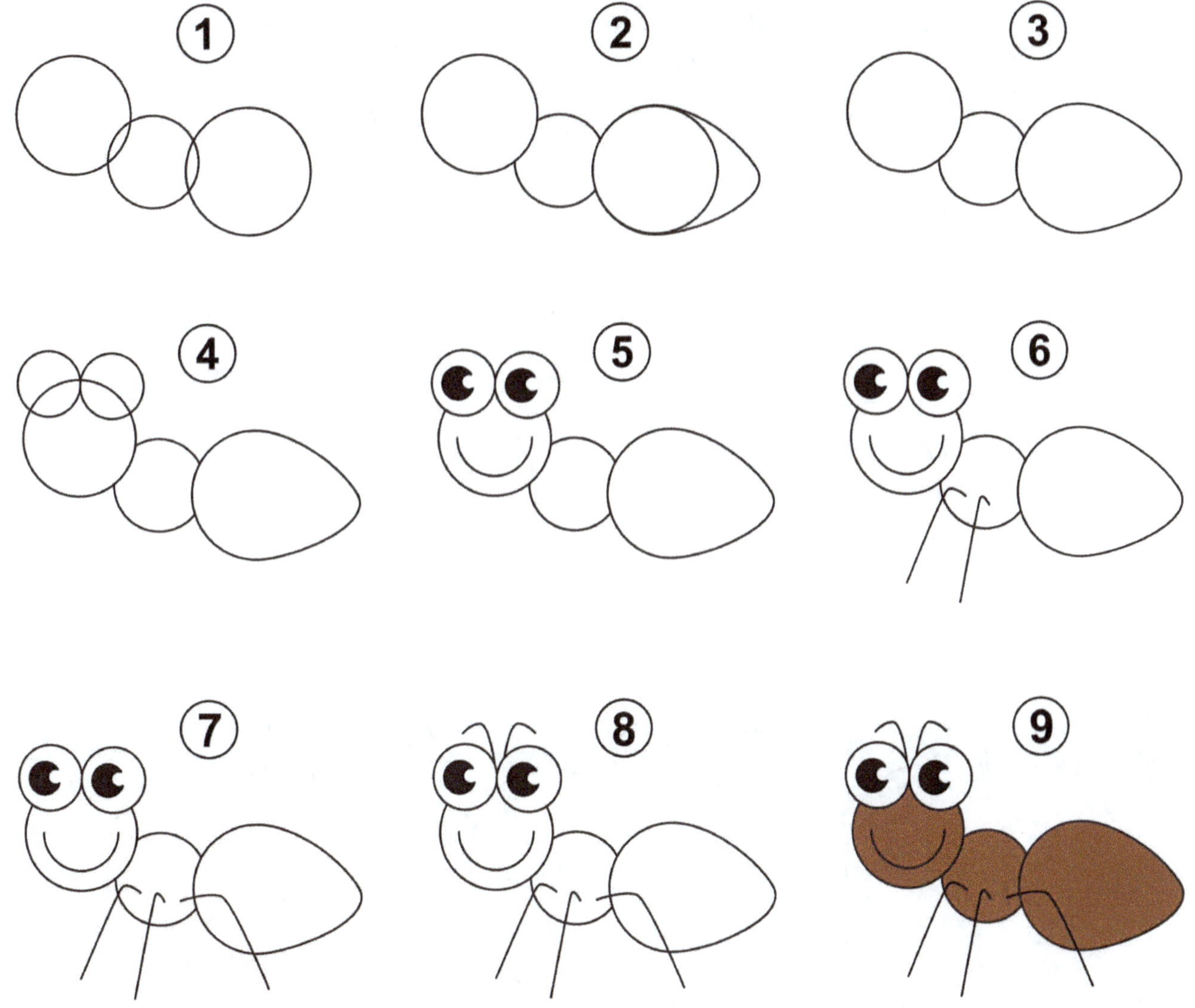

Mela

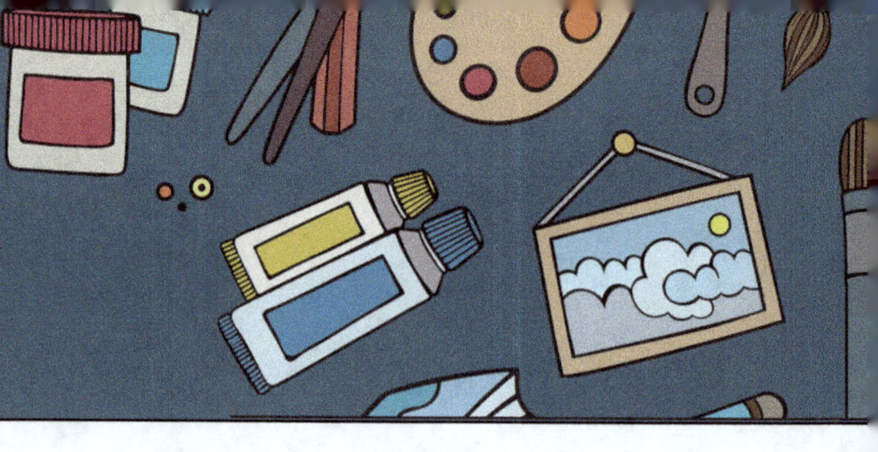

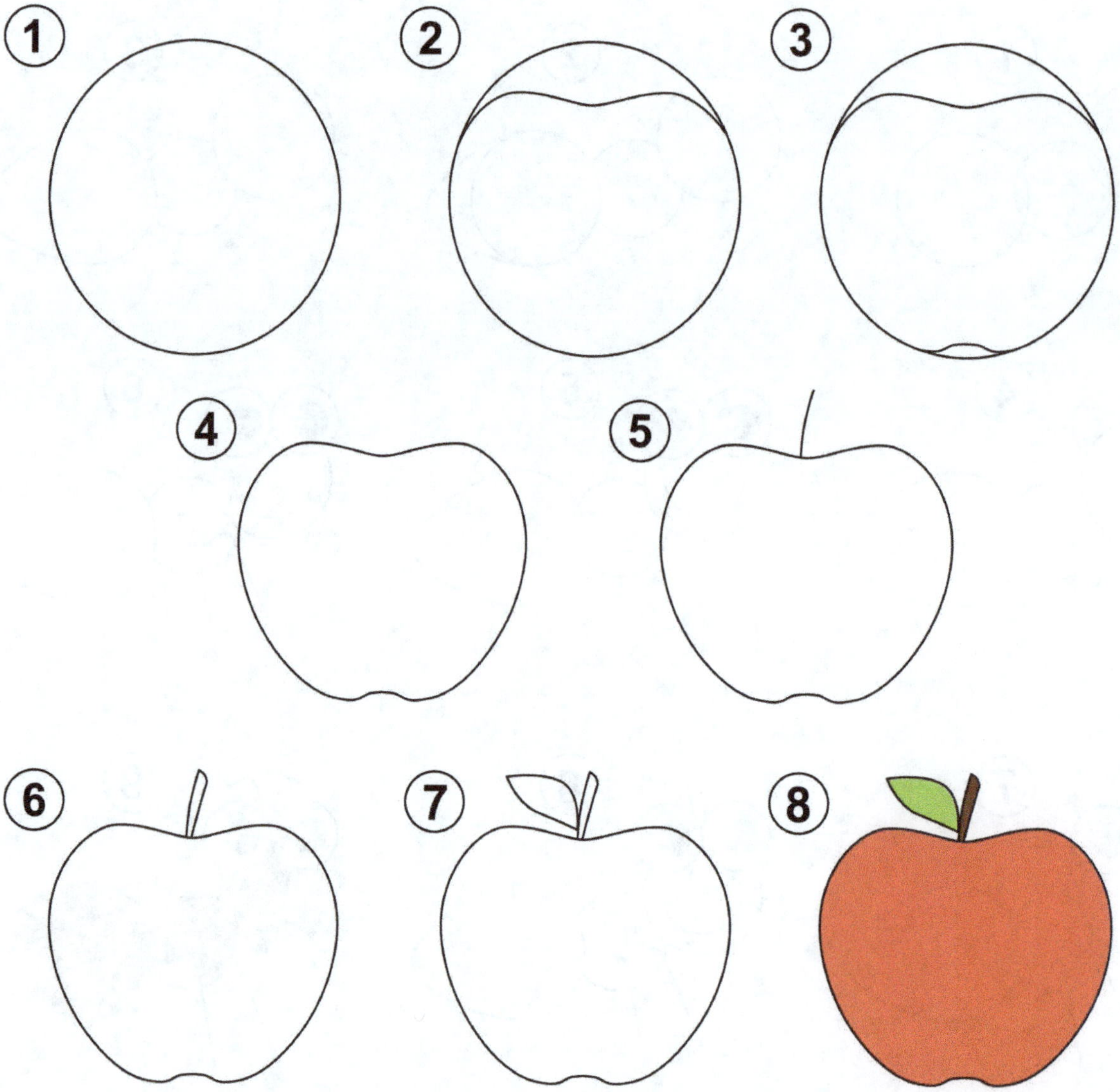

① ② ③

④ ⑤

⑥ ⑦ ⑧

Palloncini

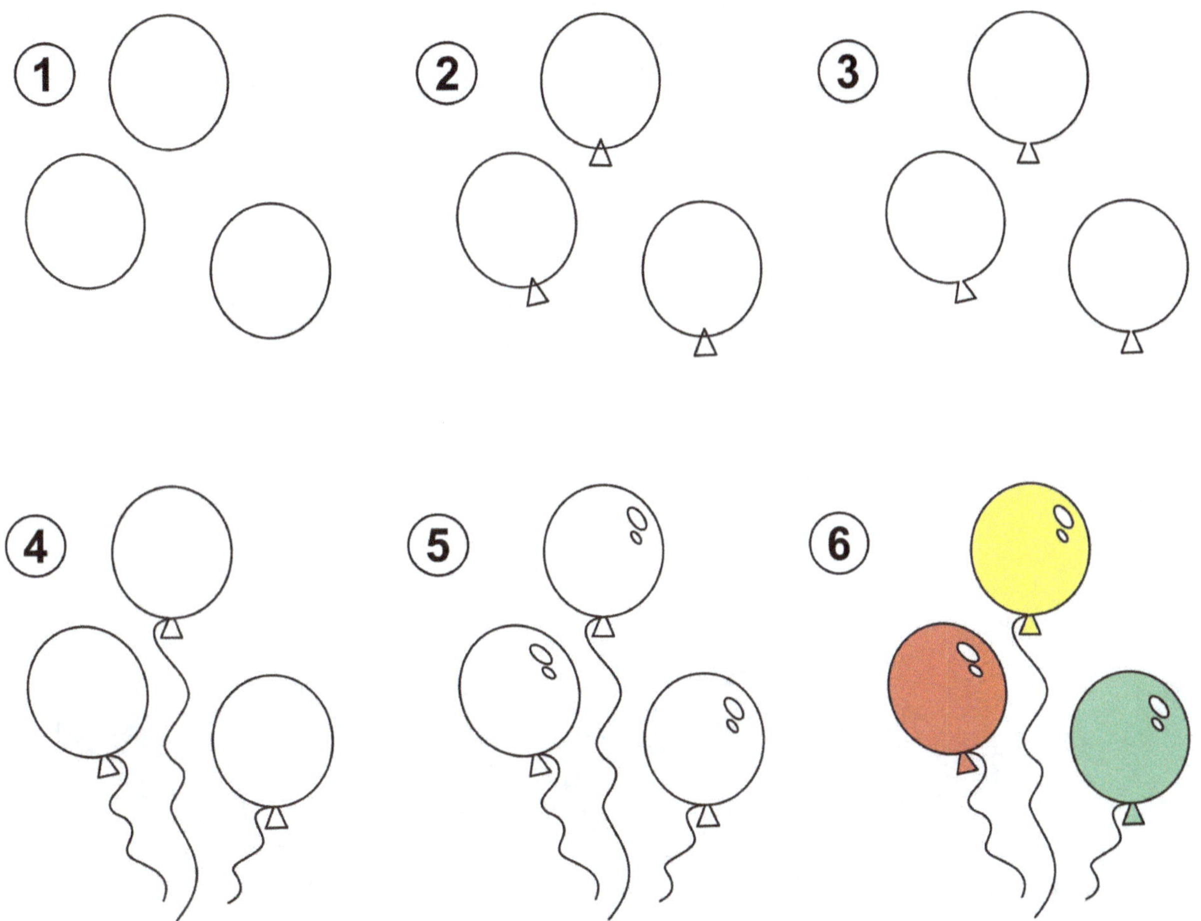

Uccello

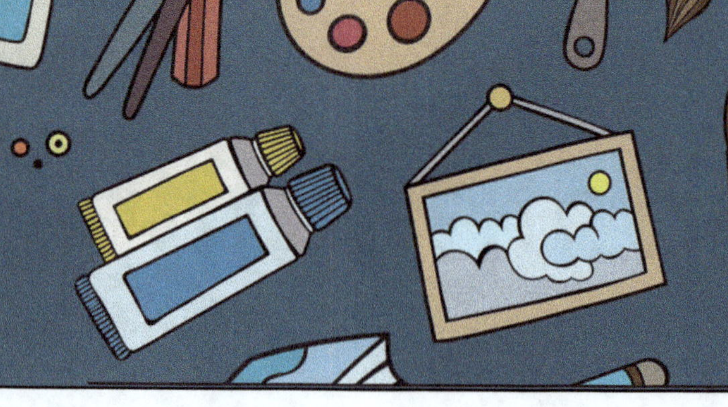

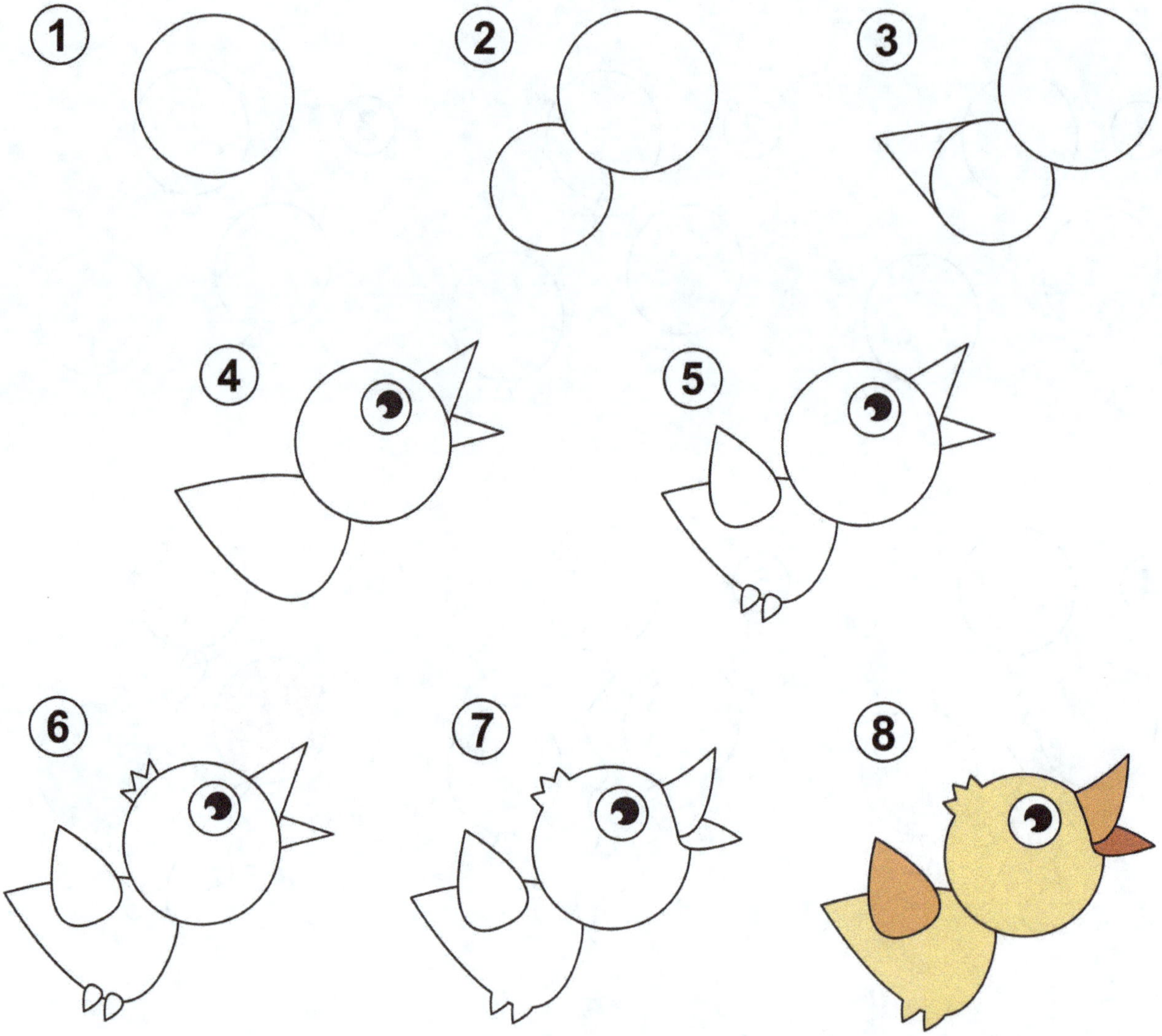

Zagara Branch

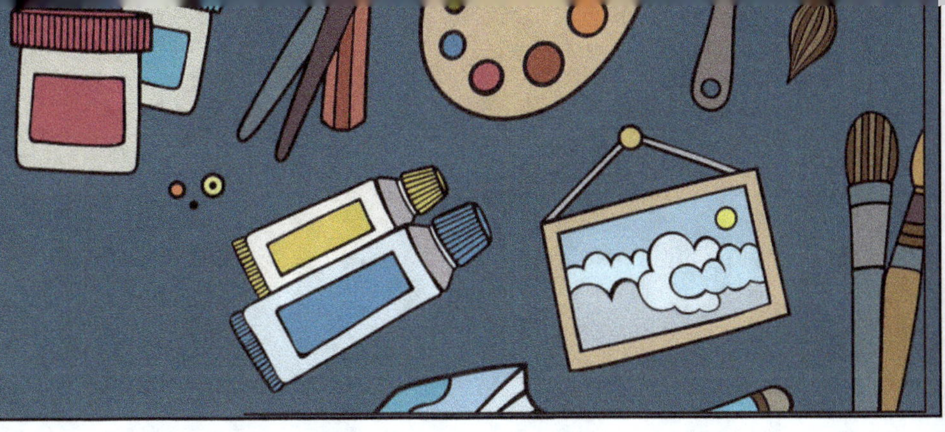

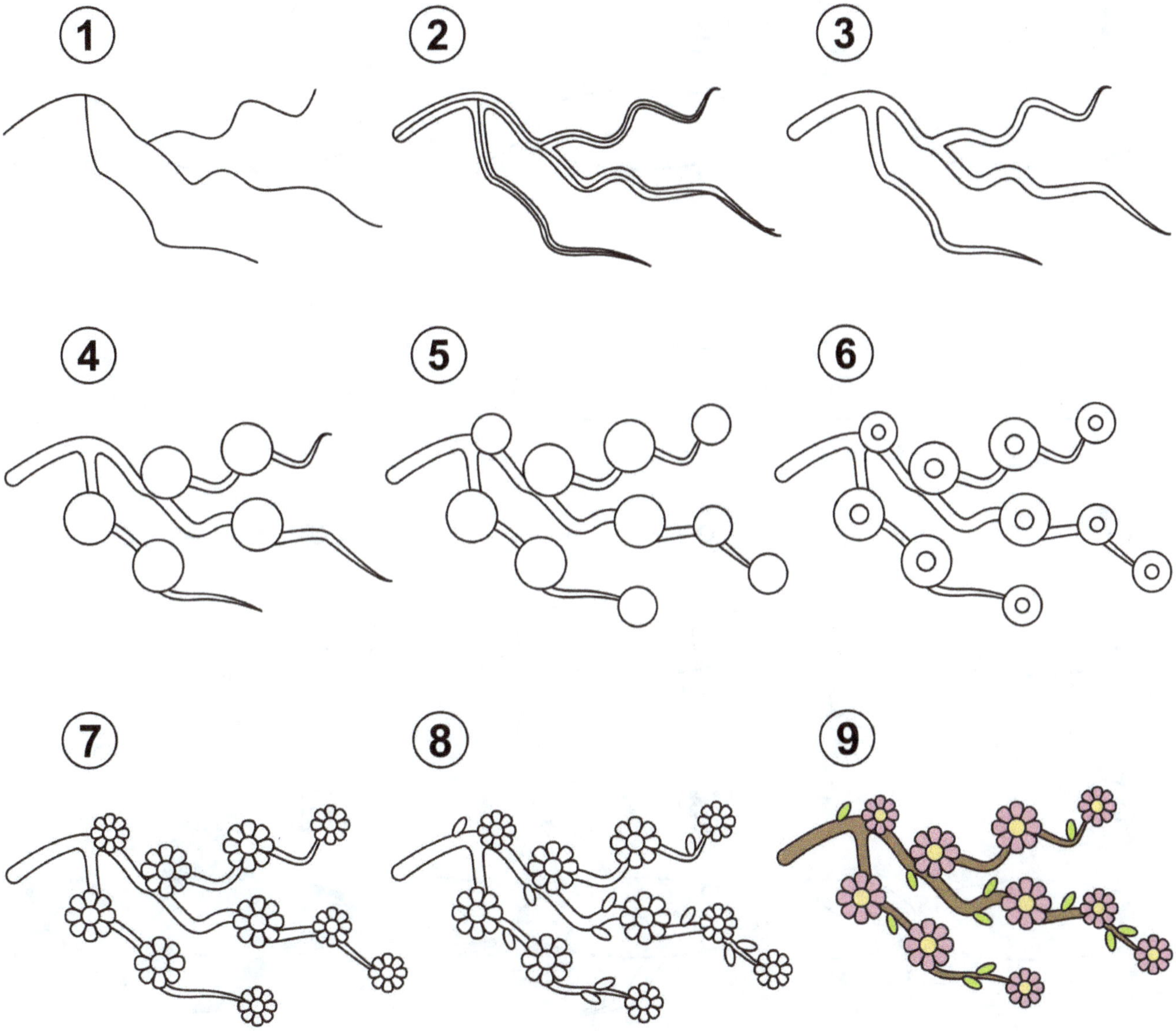

Blue Fish

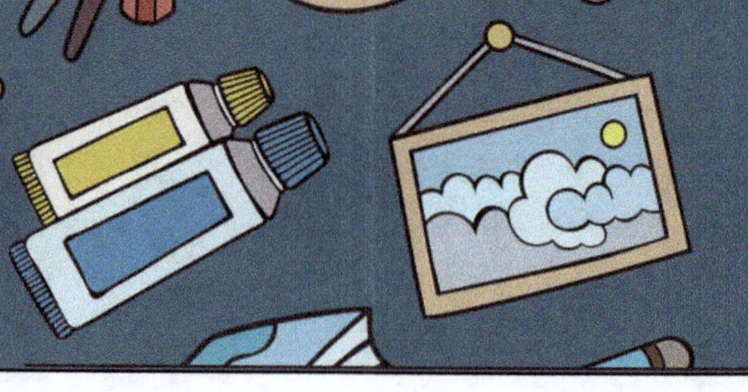

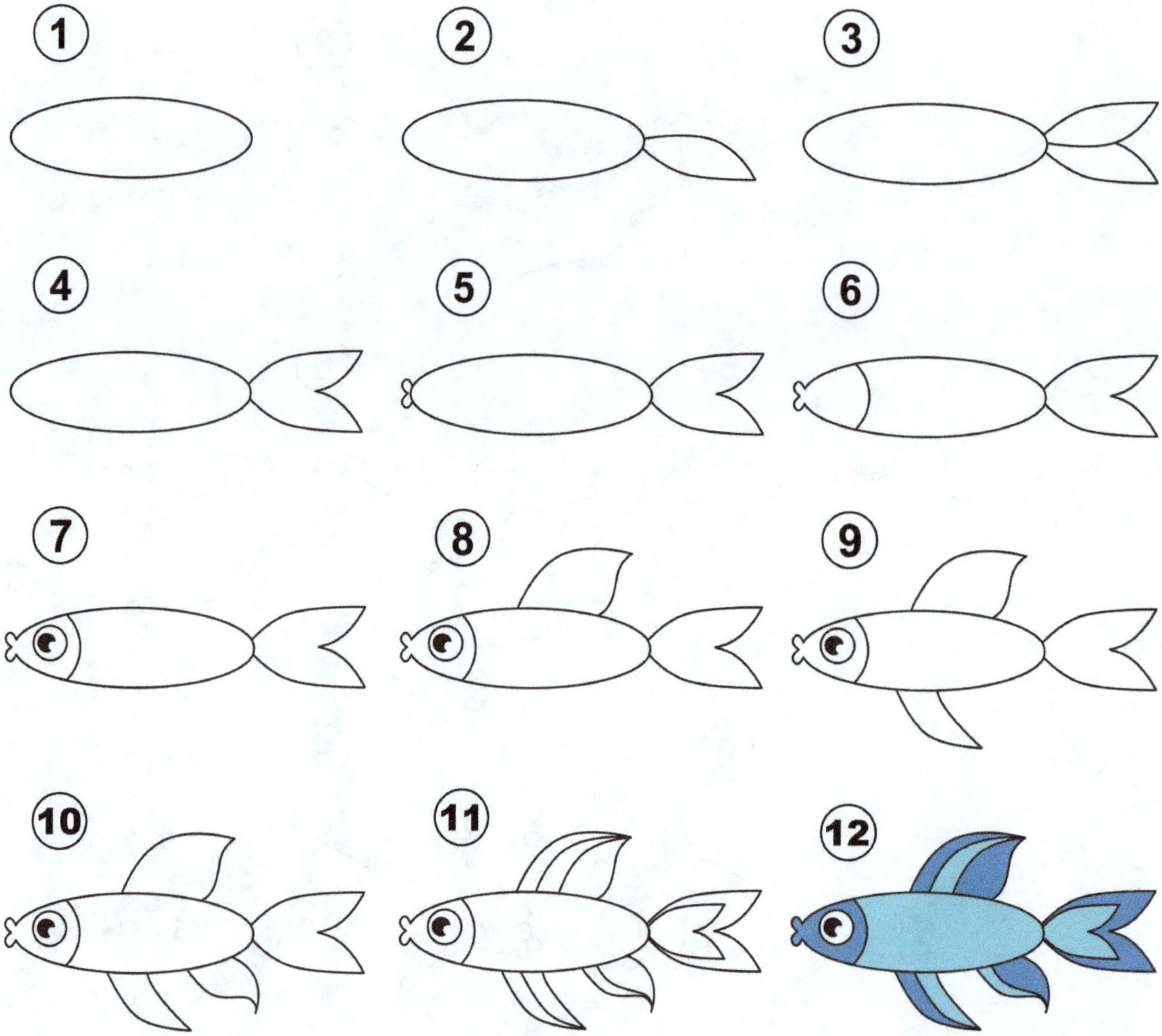

Bluebell
Fiore

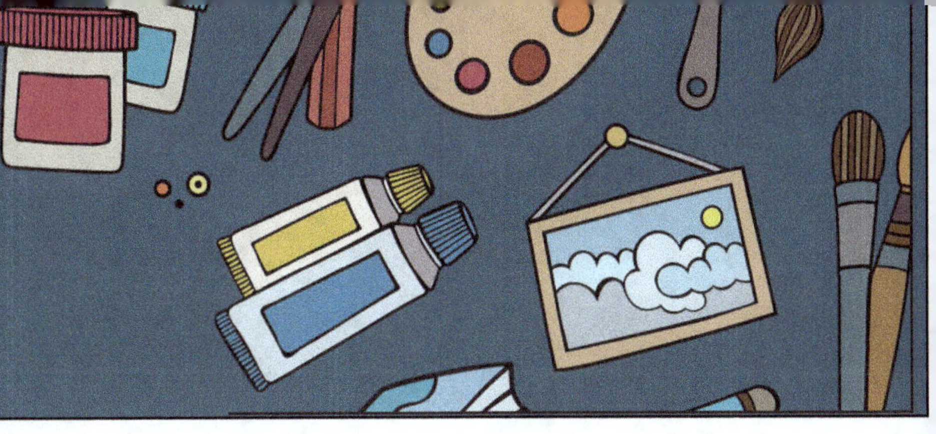

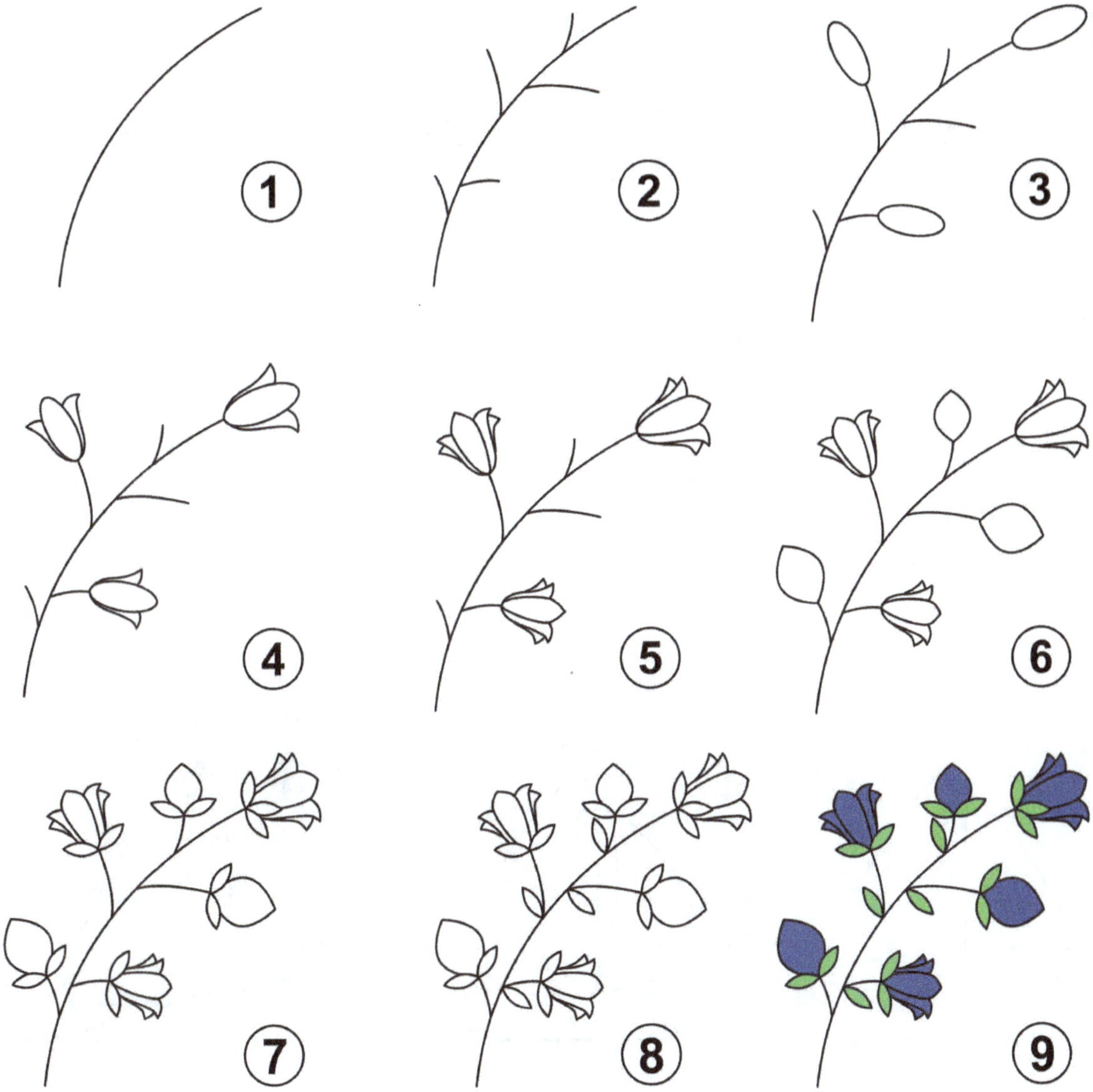

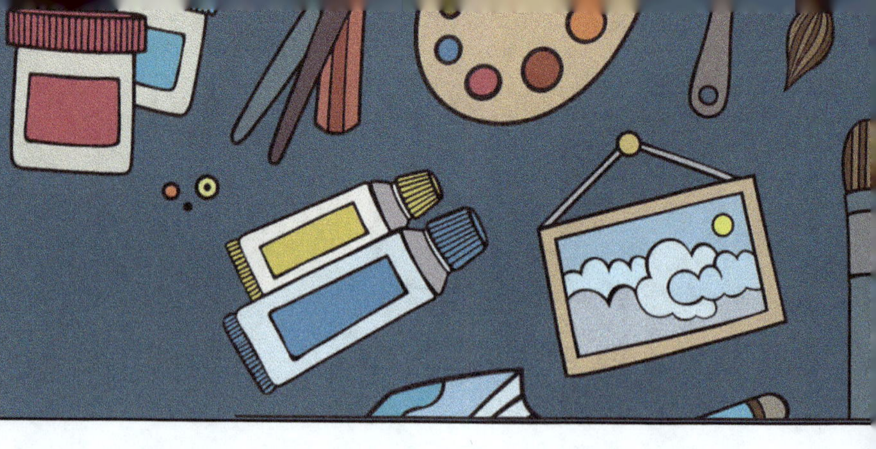

Barca

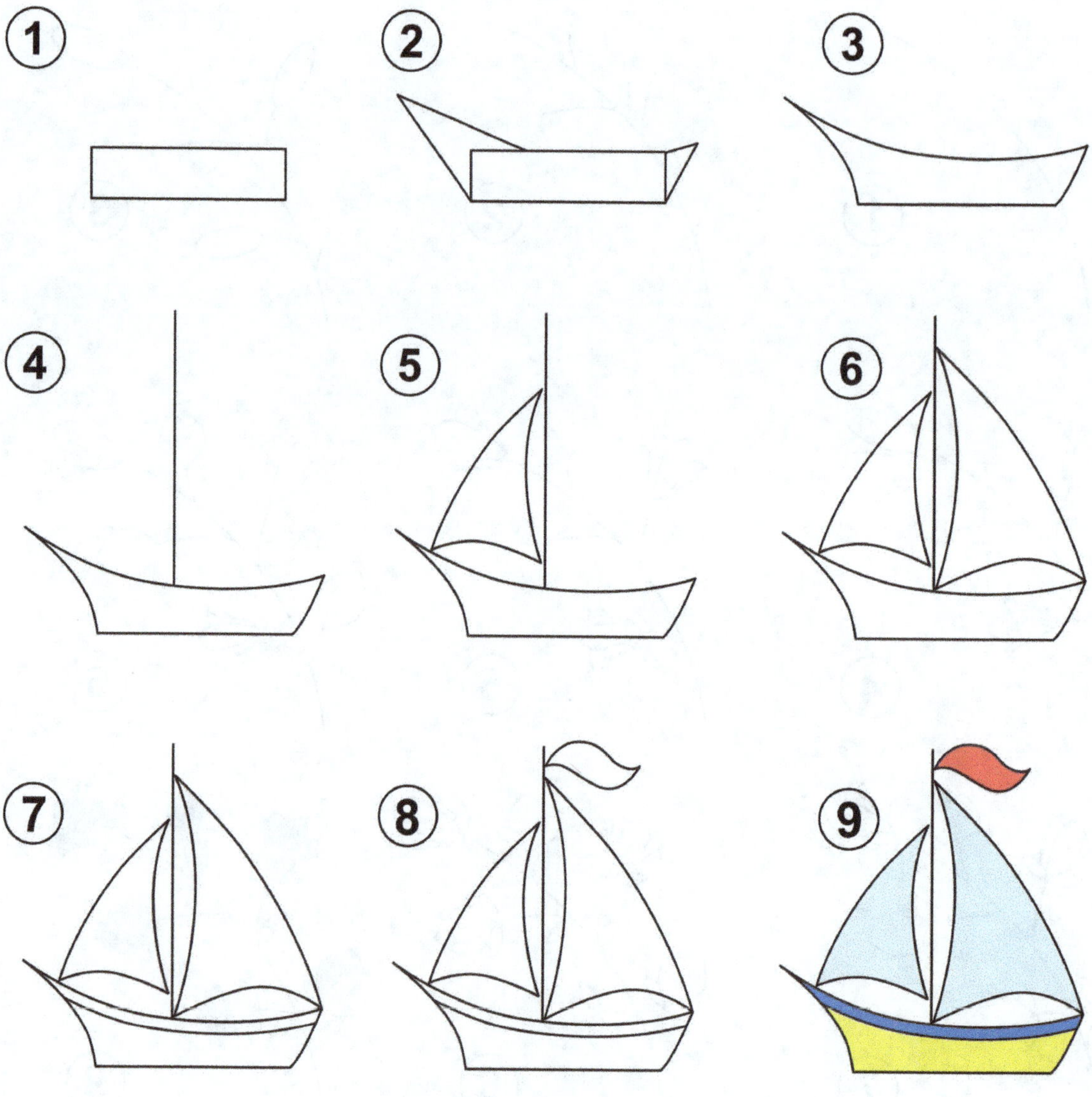

① ② ③

④ ⑤ ⑥

⑦ ⑧ ⑨

Bottiglia

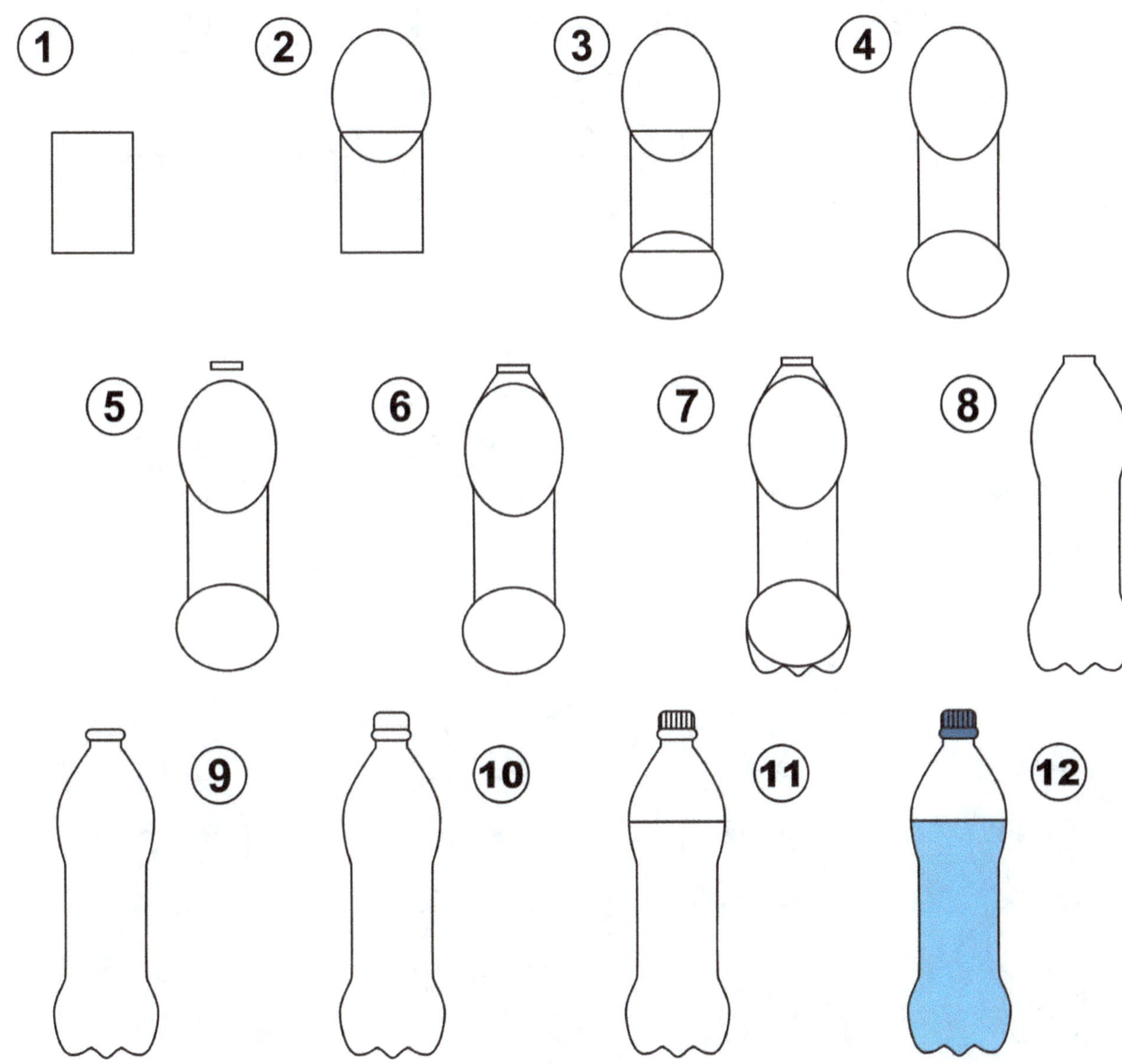

Coniglietto

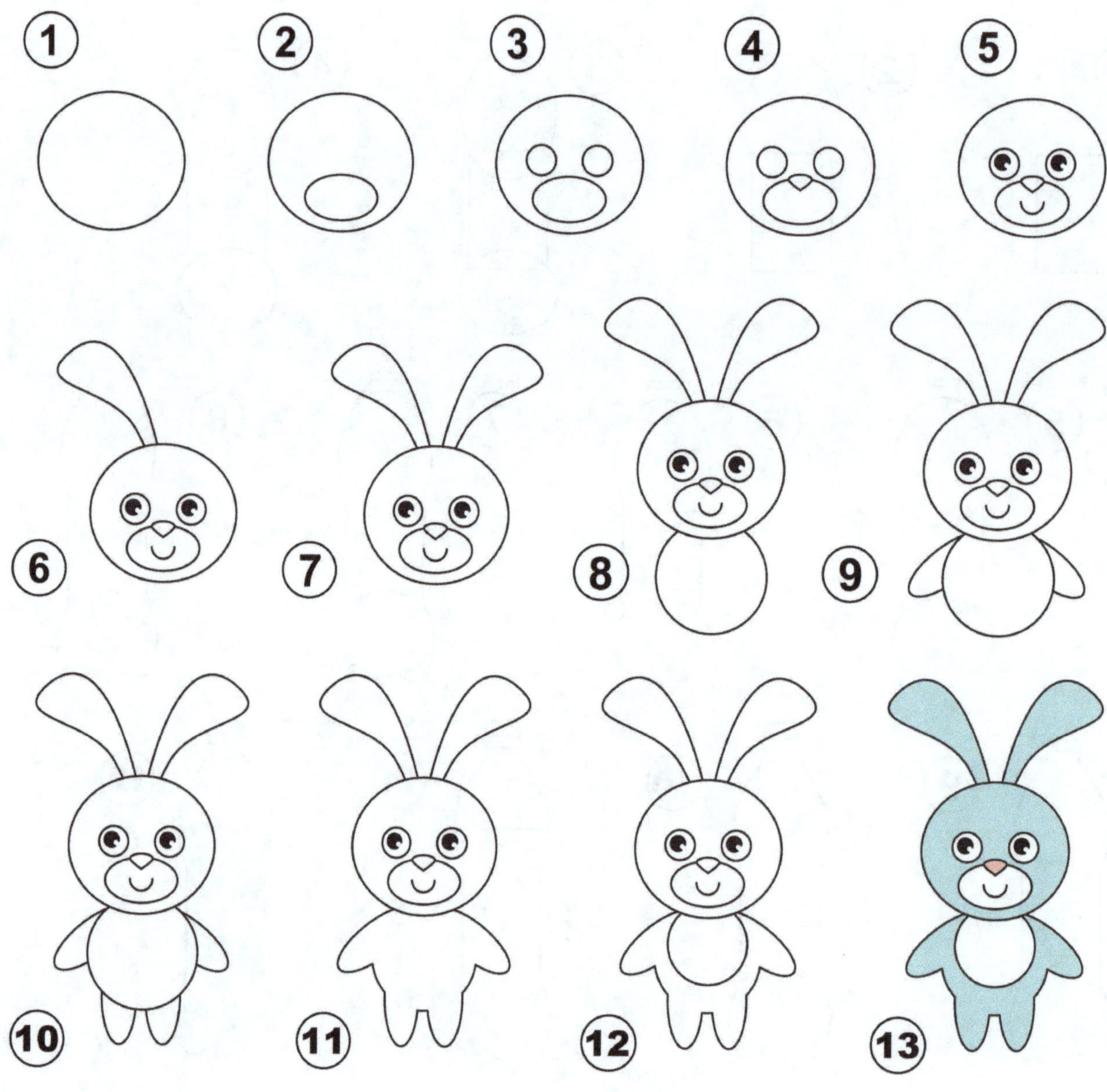

Farfalla

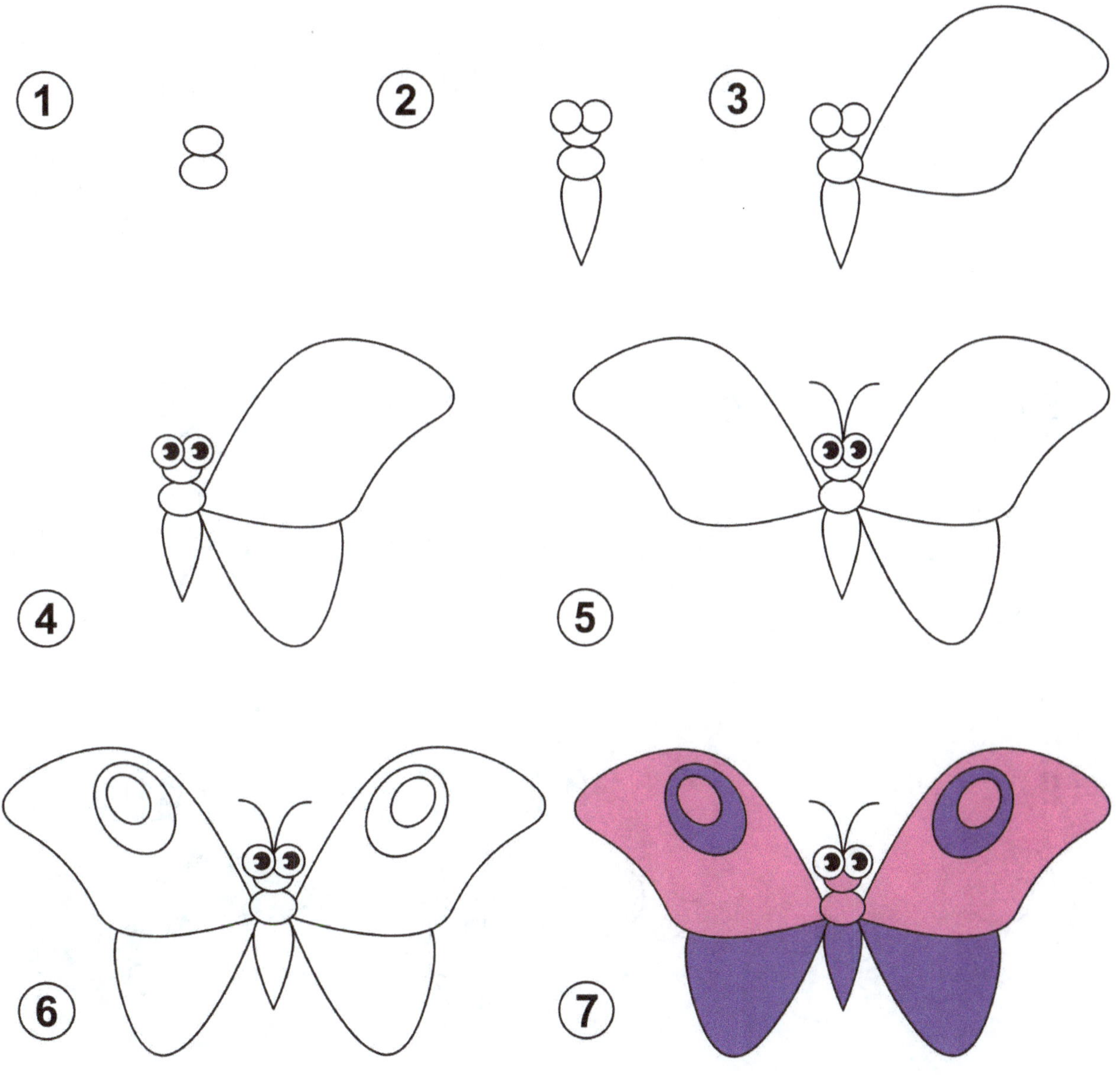

Bruco

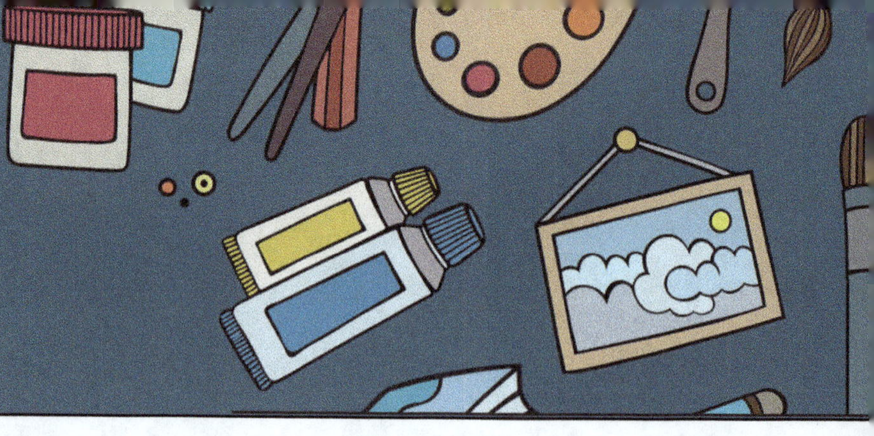

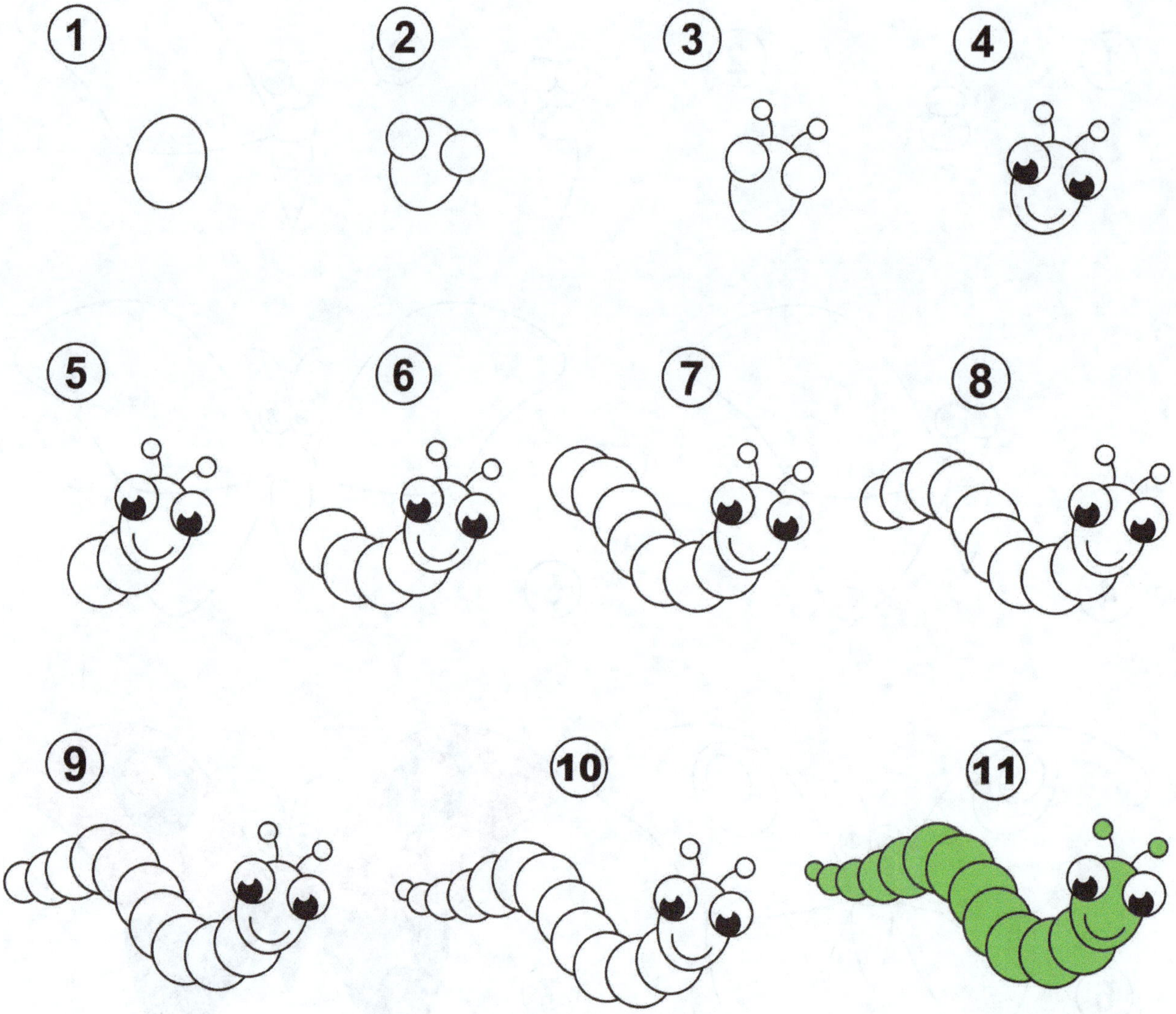

① ② ③ ④

⑤ ⑥ ⑦ ⑧

⑨ ⑩ ⑪

14

Ciliegia

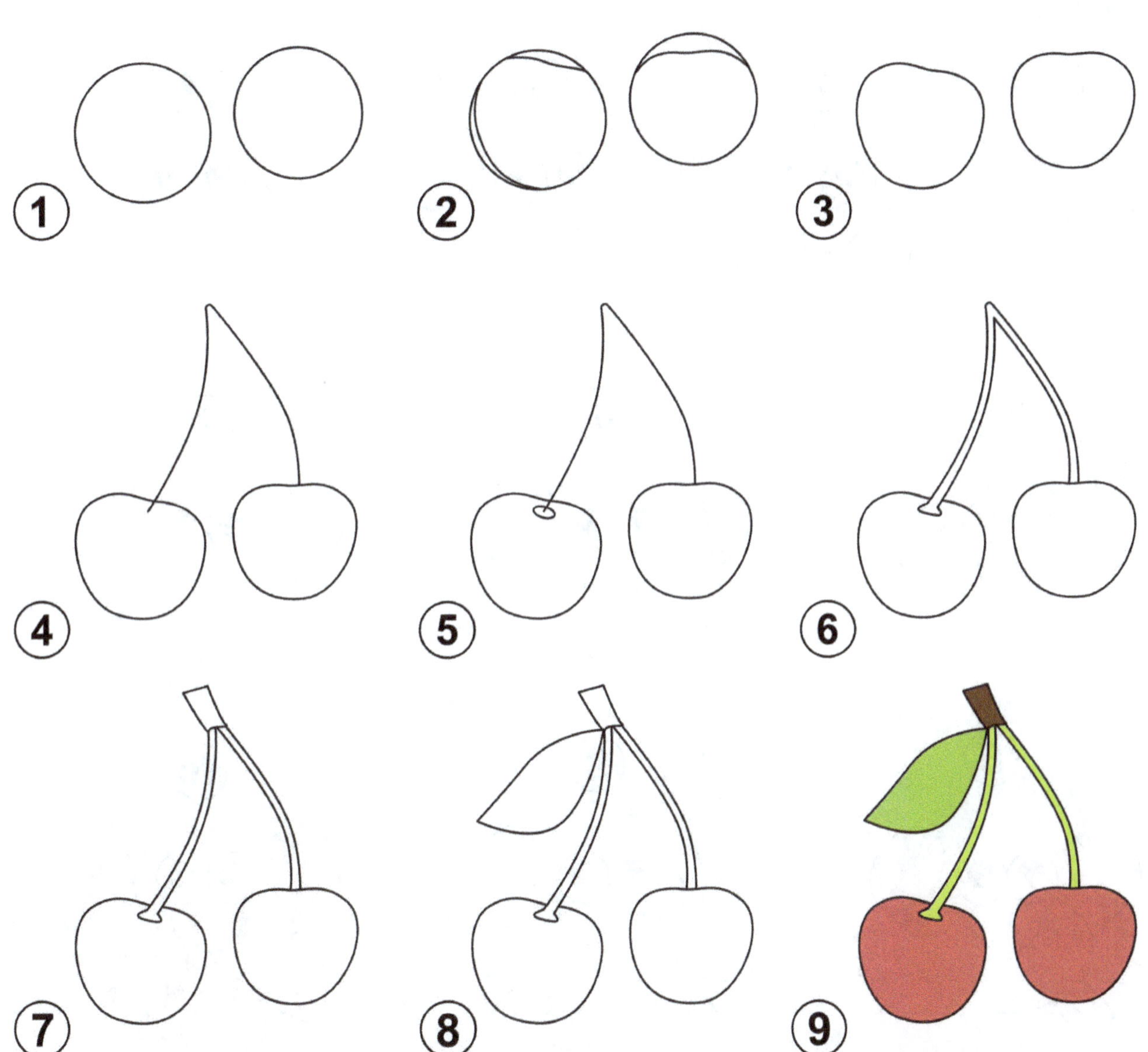

Cangrejo

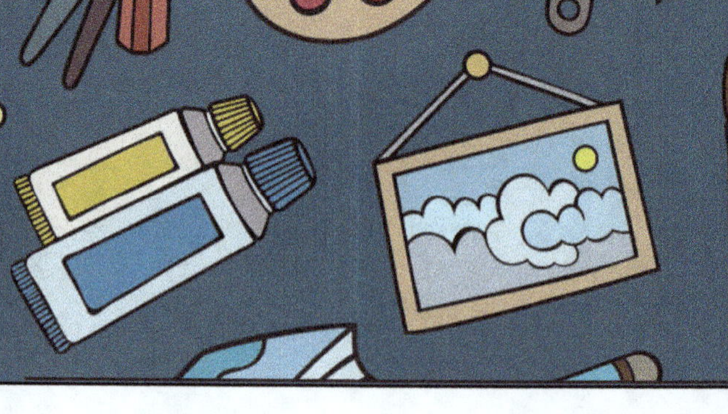

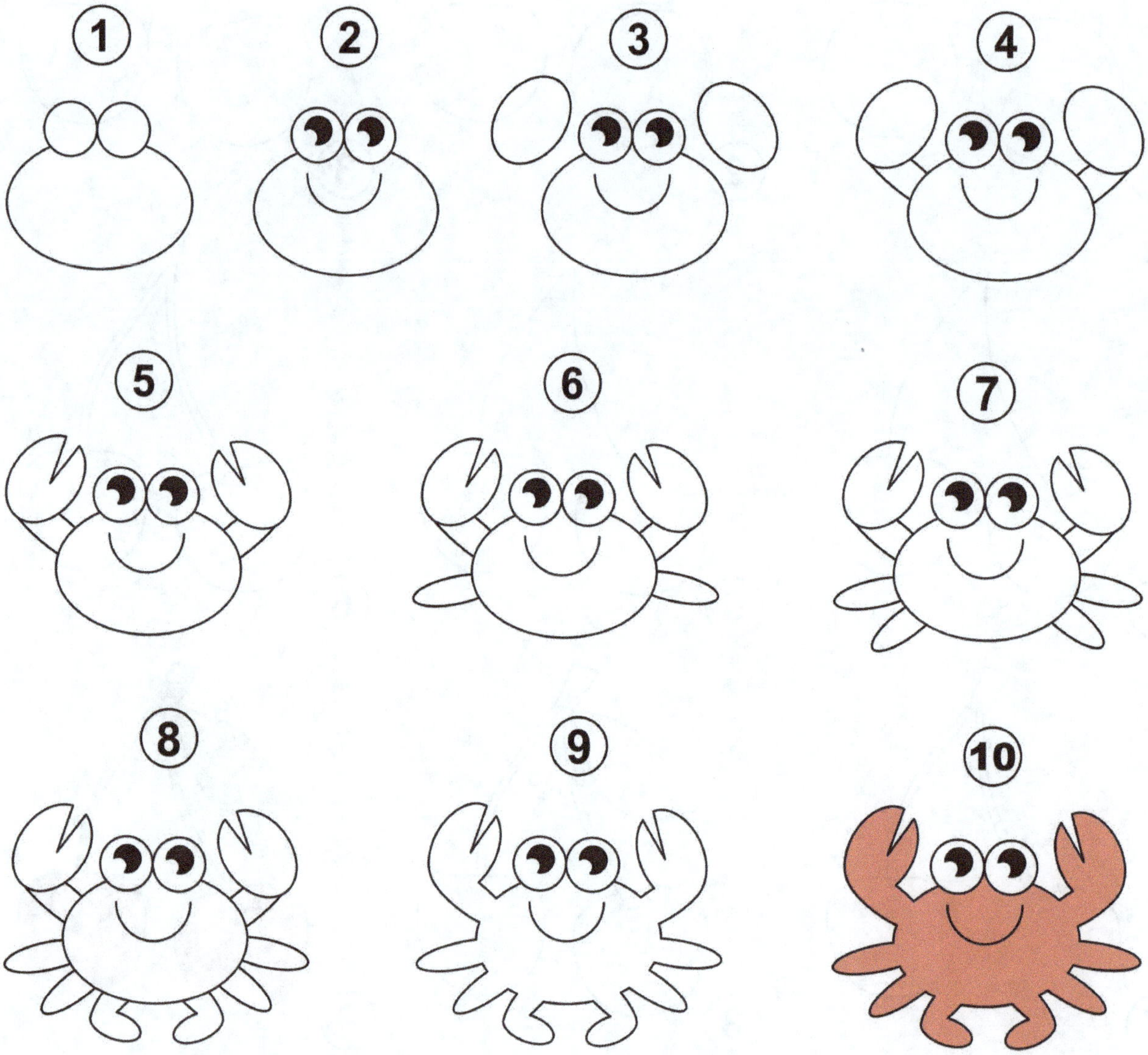

Granchio

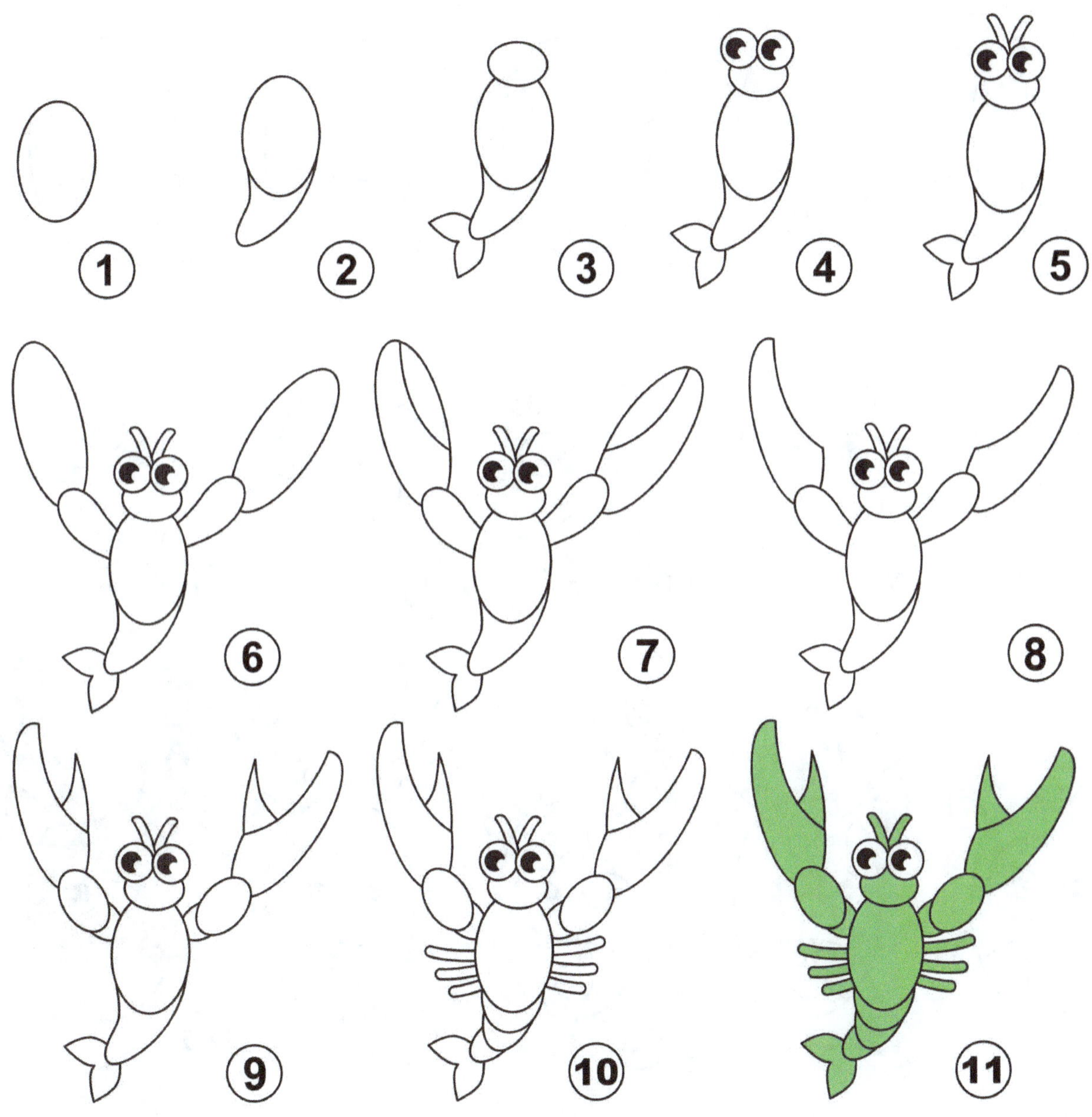

Testa di cervo

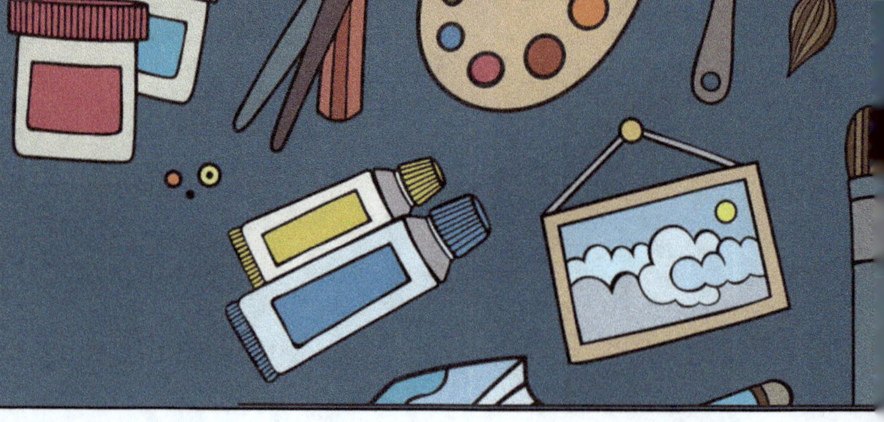

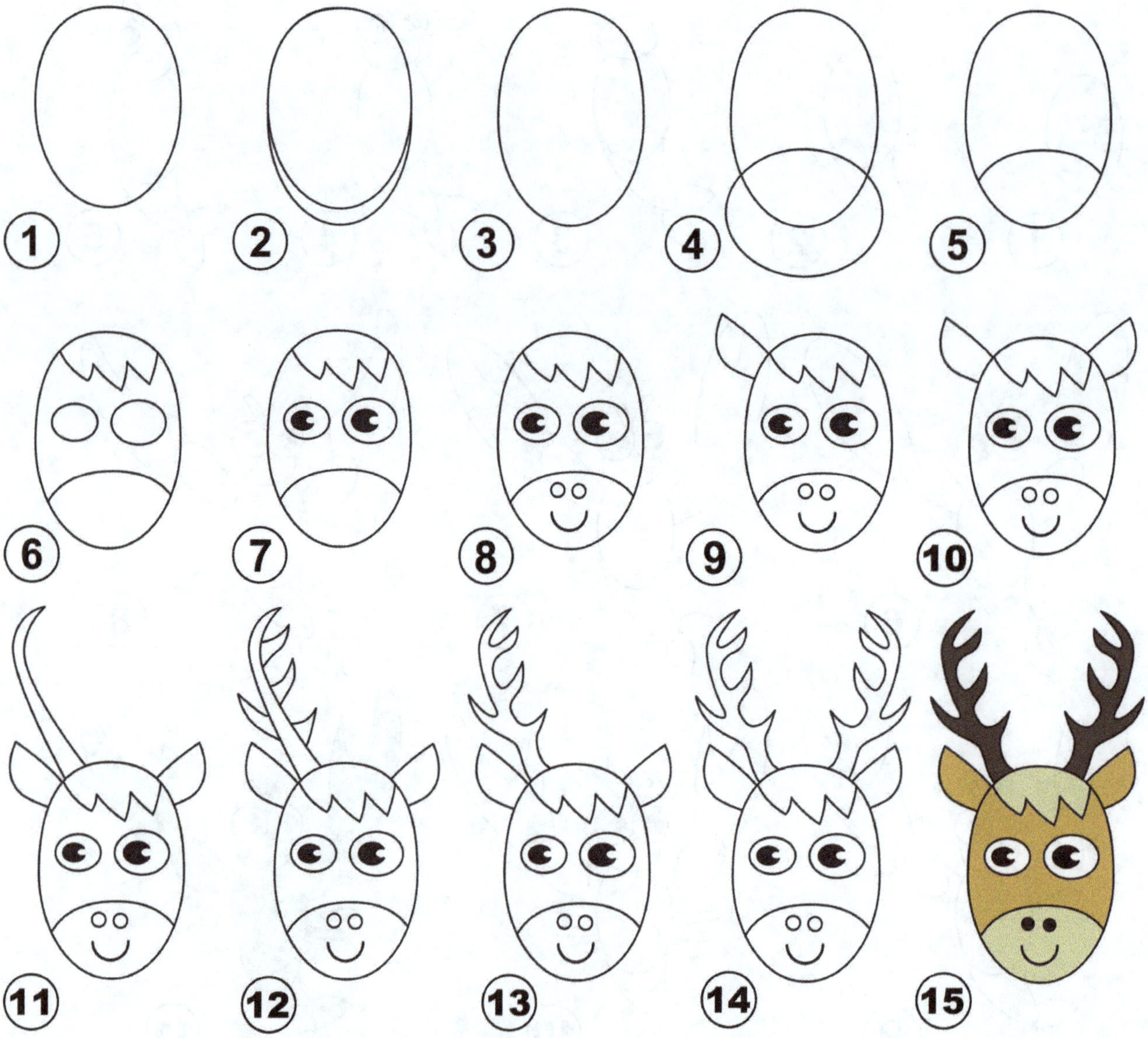

Delfino

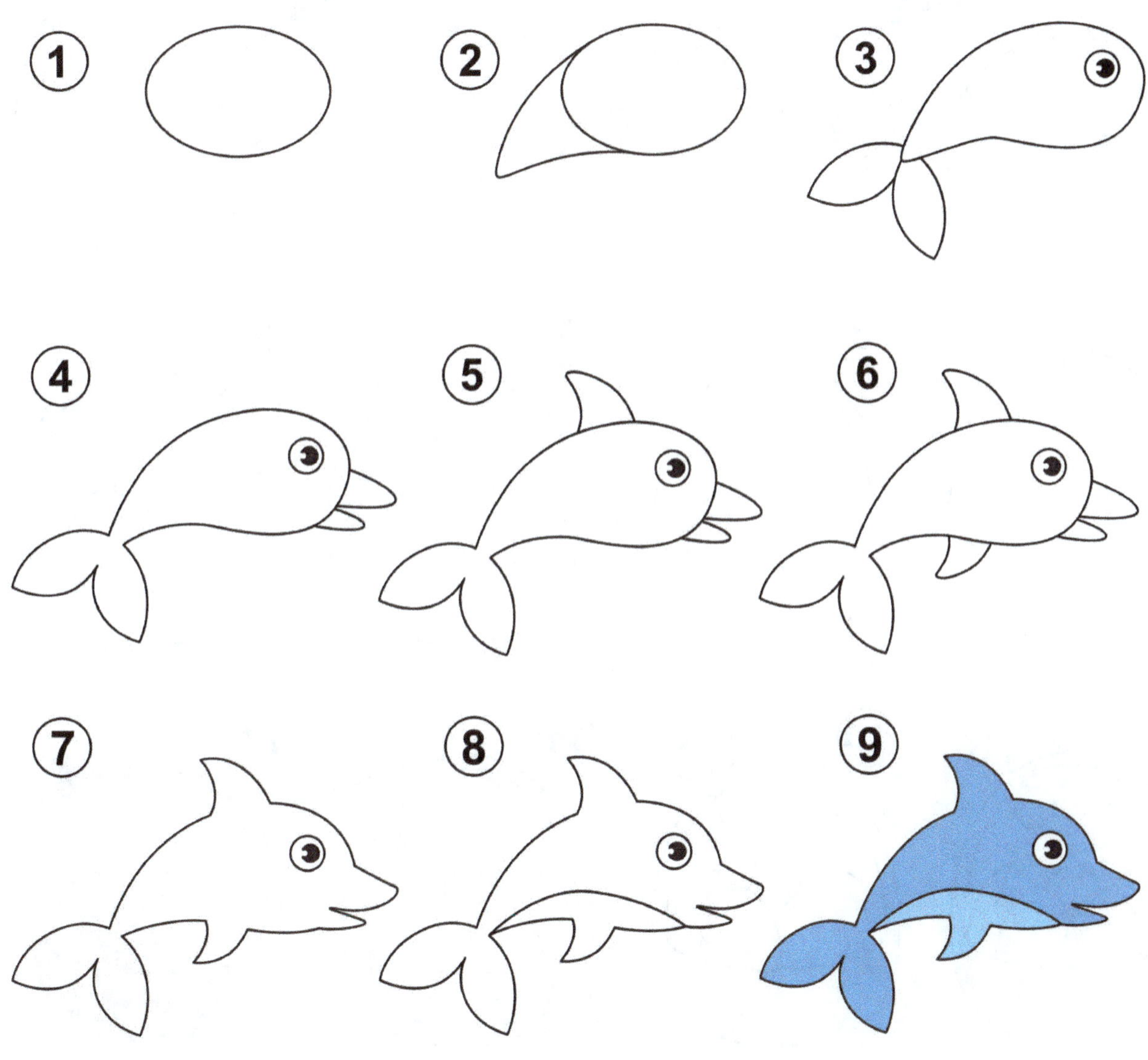

Cesto di Pasqua

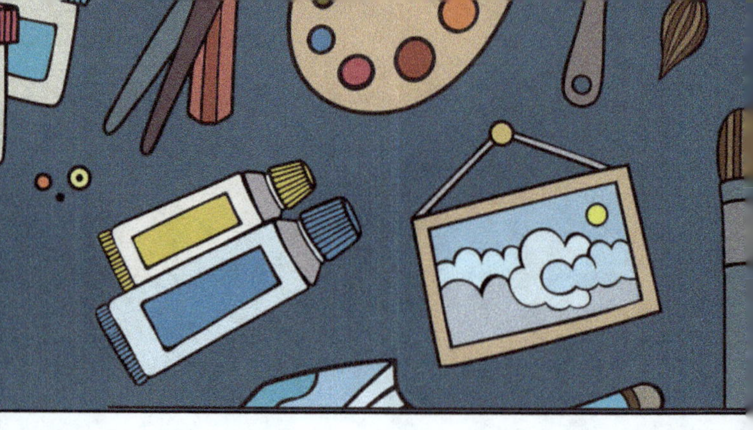

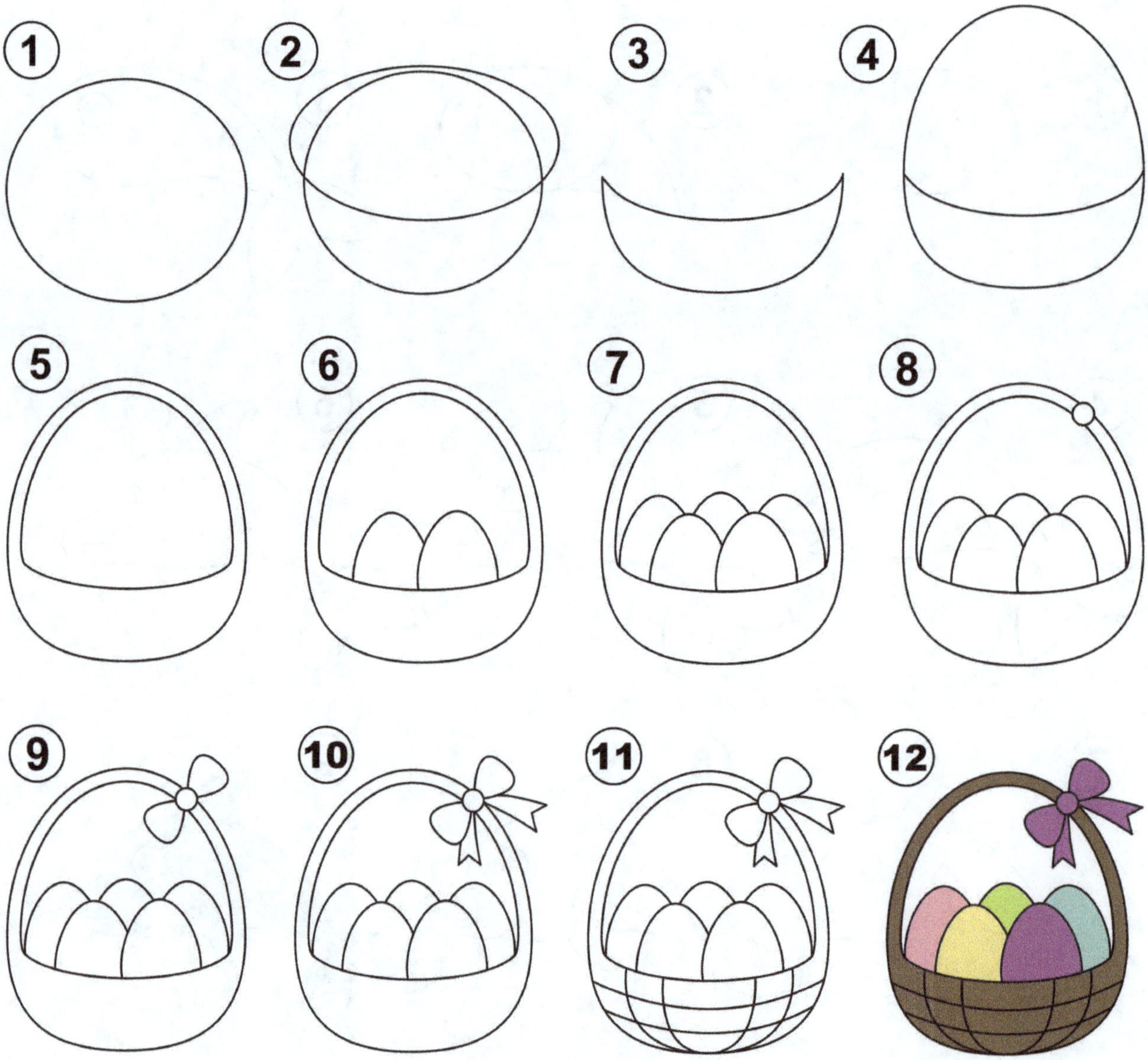

Elefante

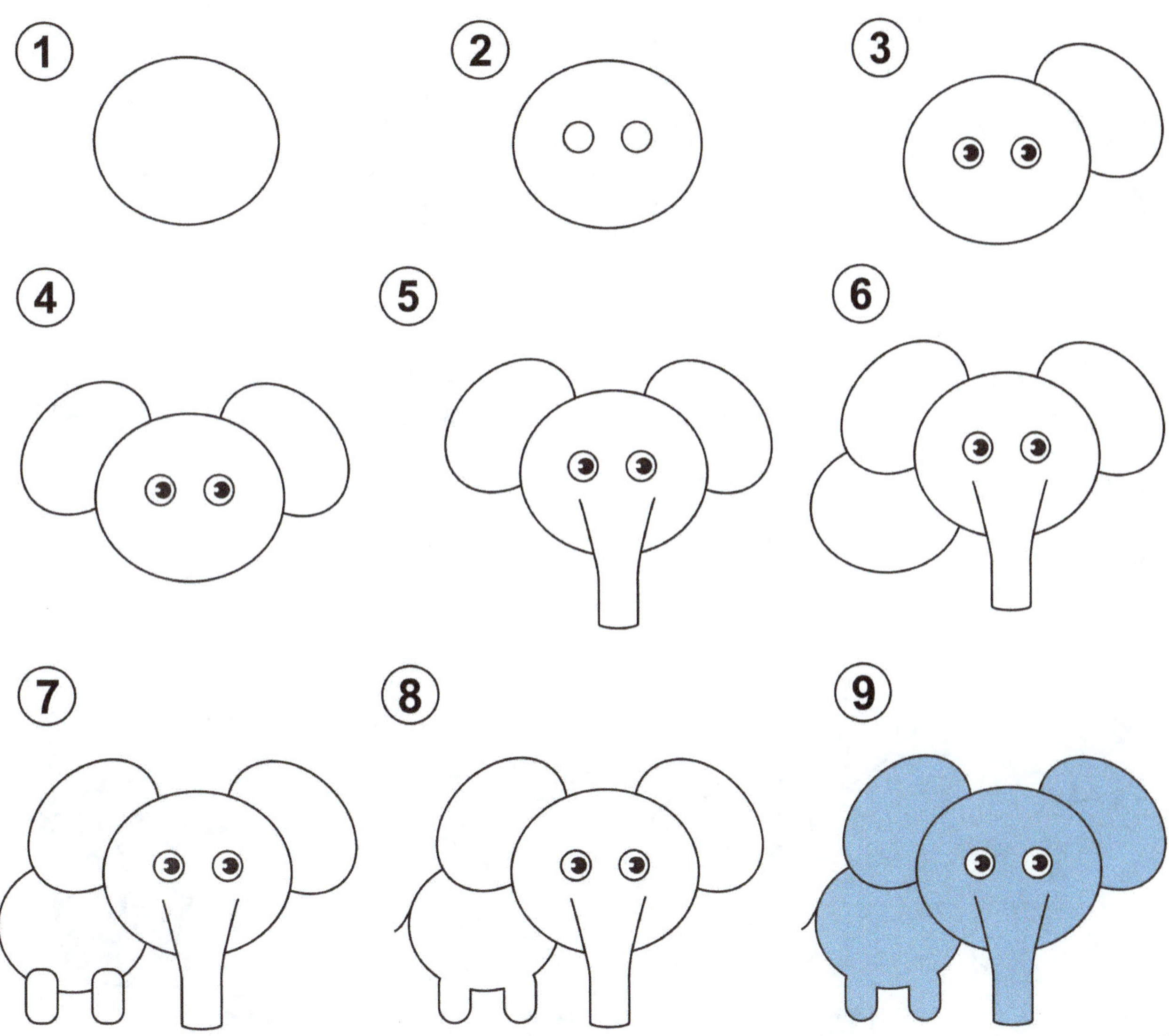

Alce

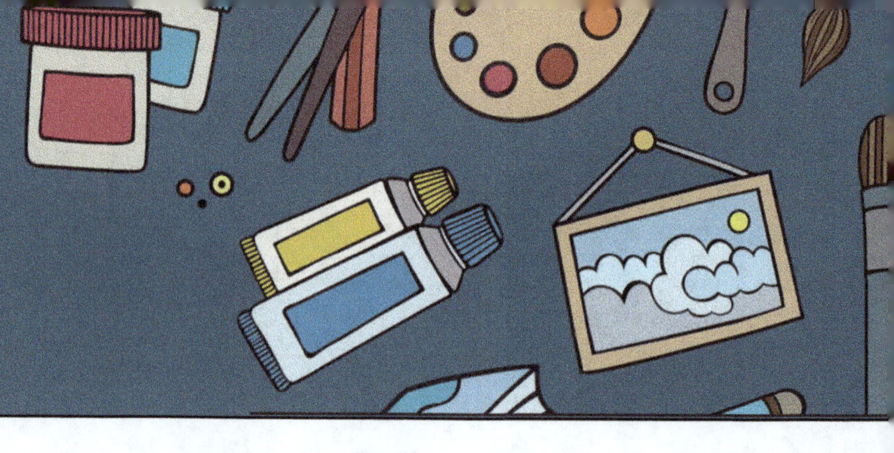

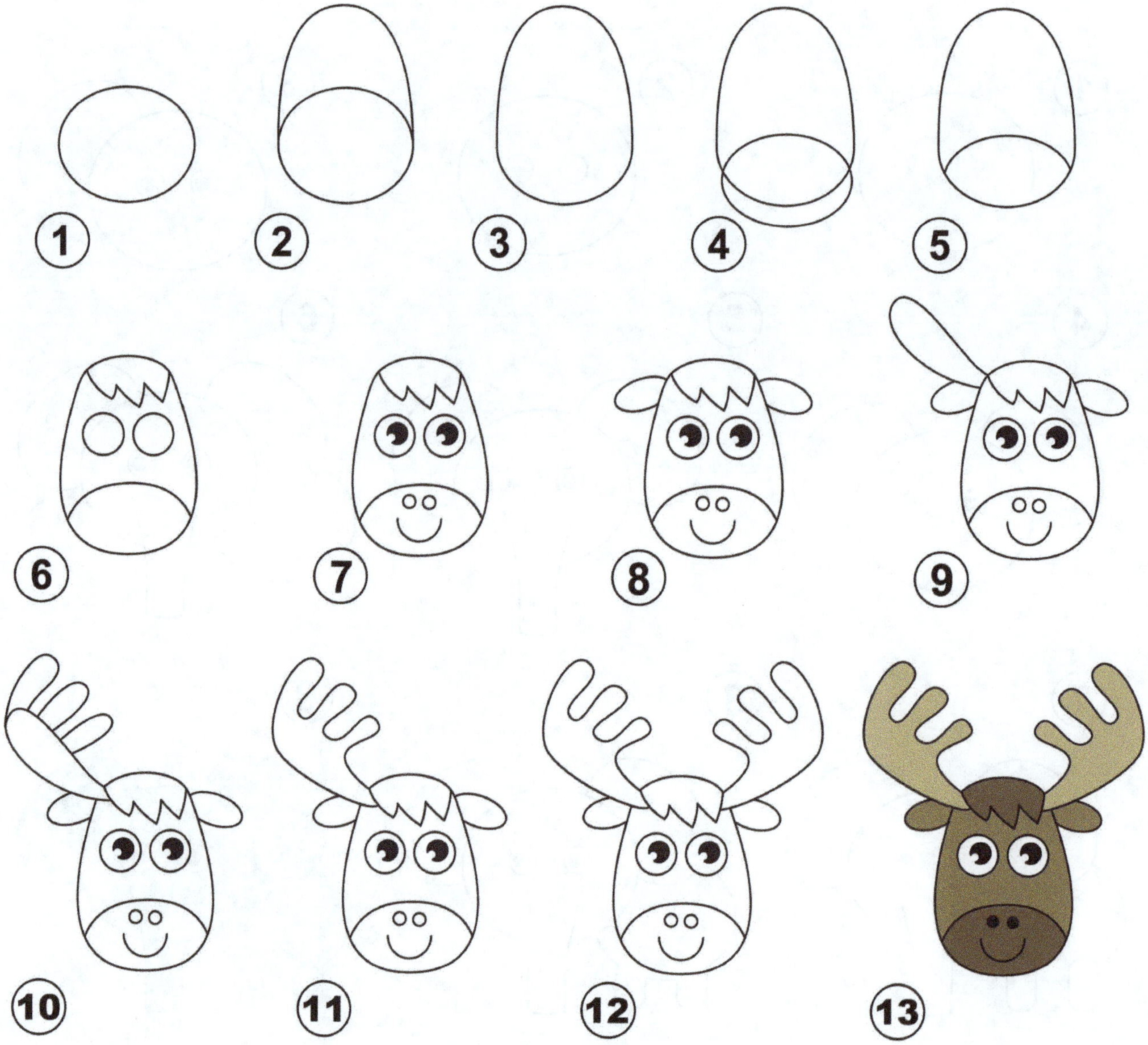

Pesce

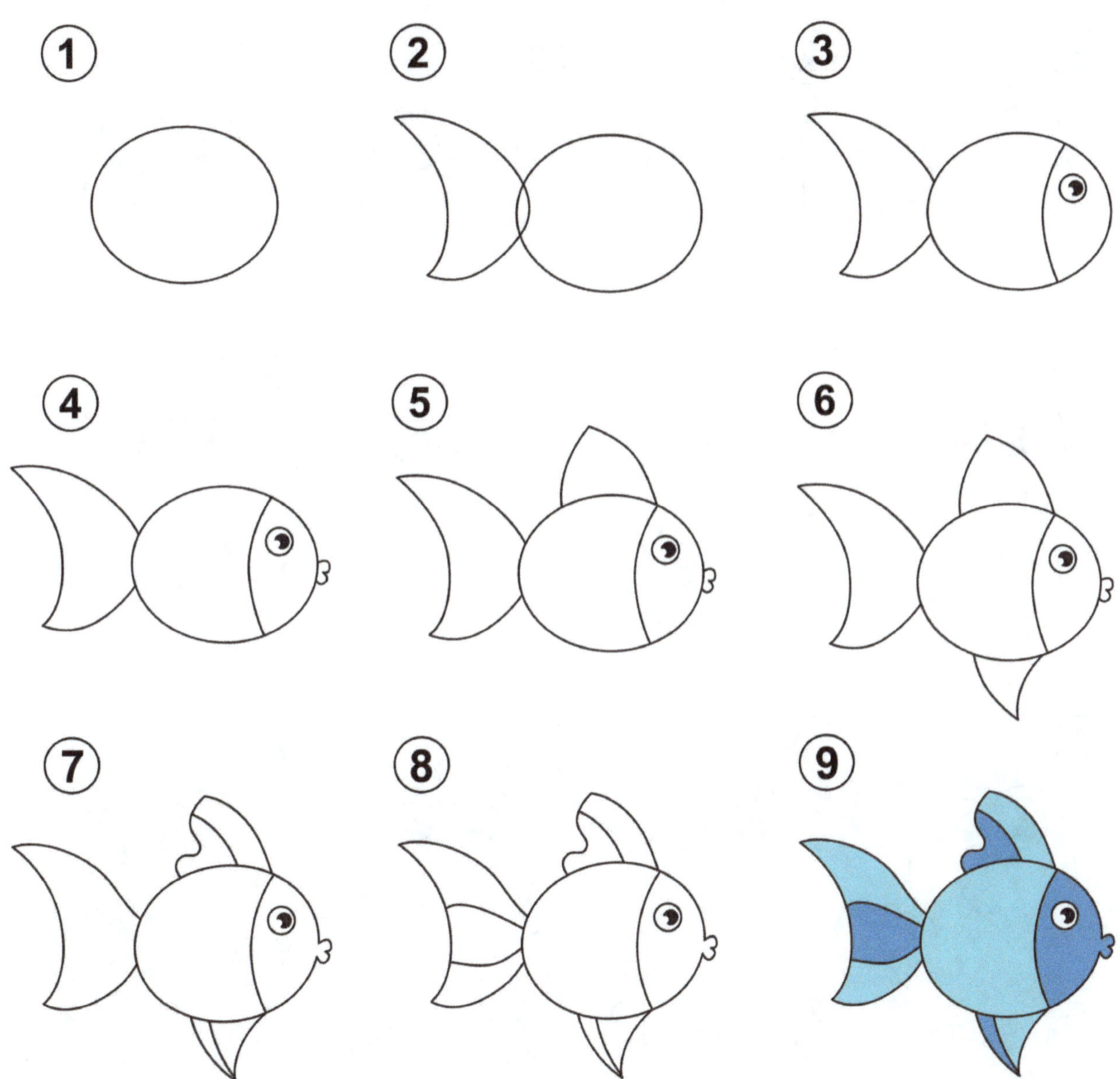

Rana

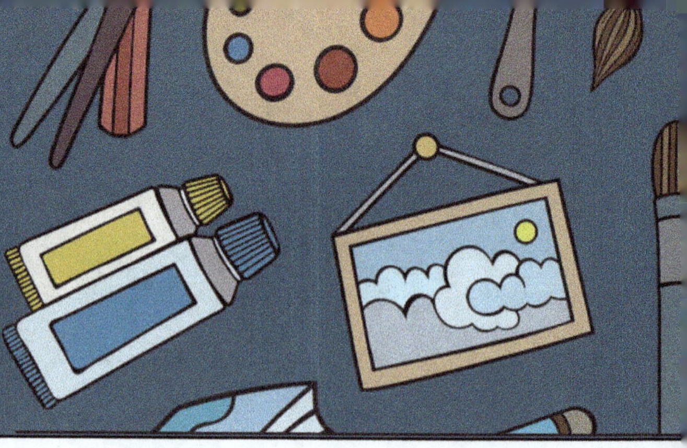

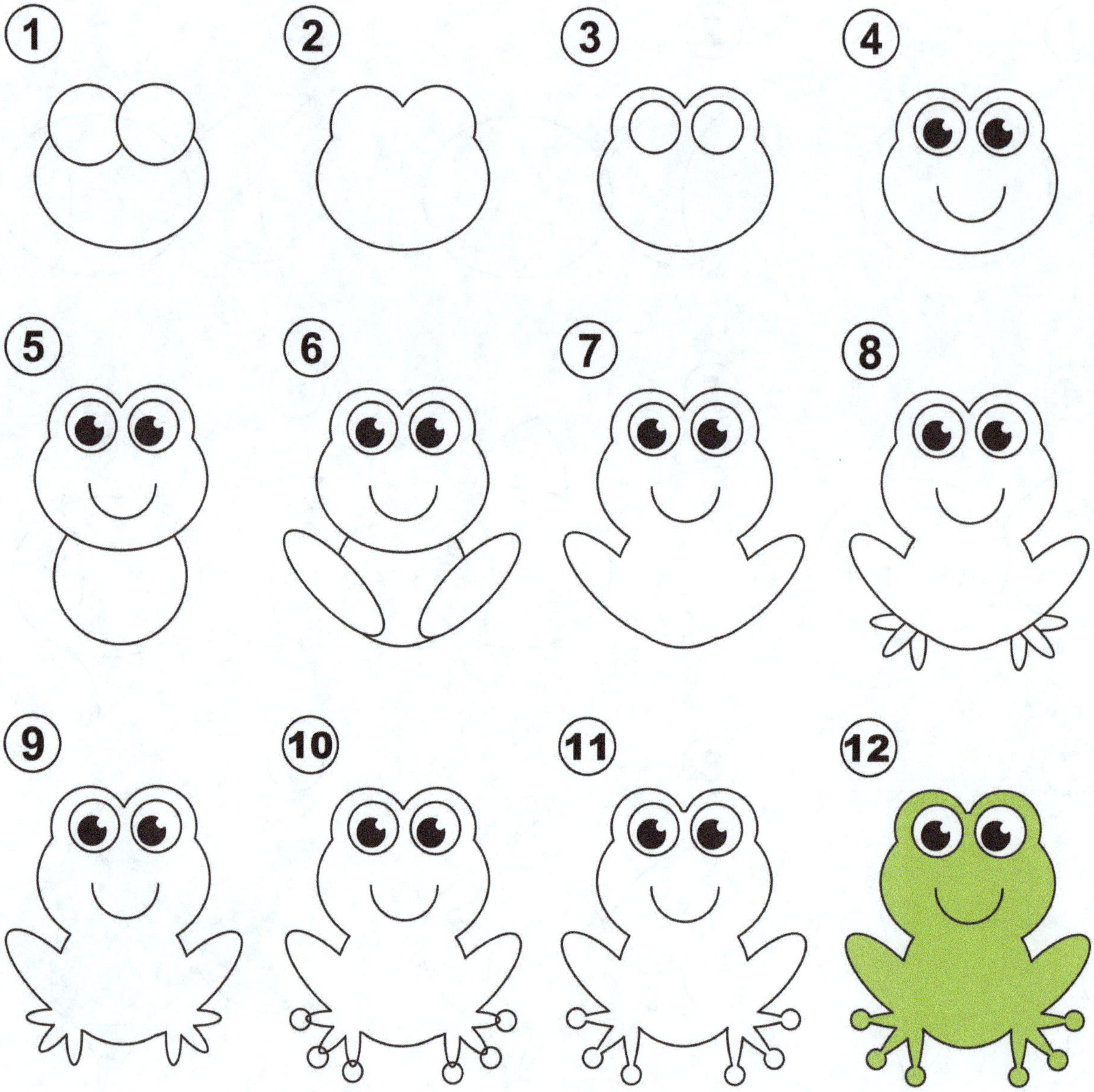

1 2 3 4

5 6 7 8

9 10 11 12

Pesce divertente

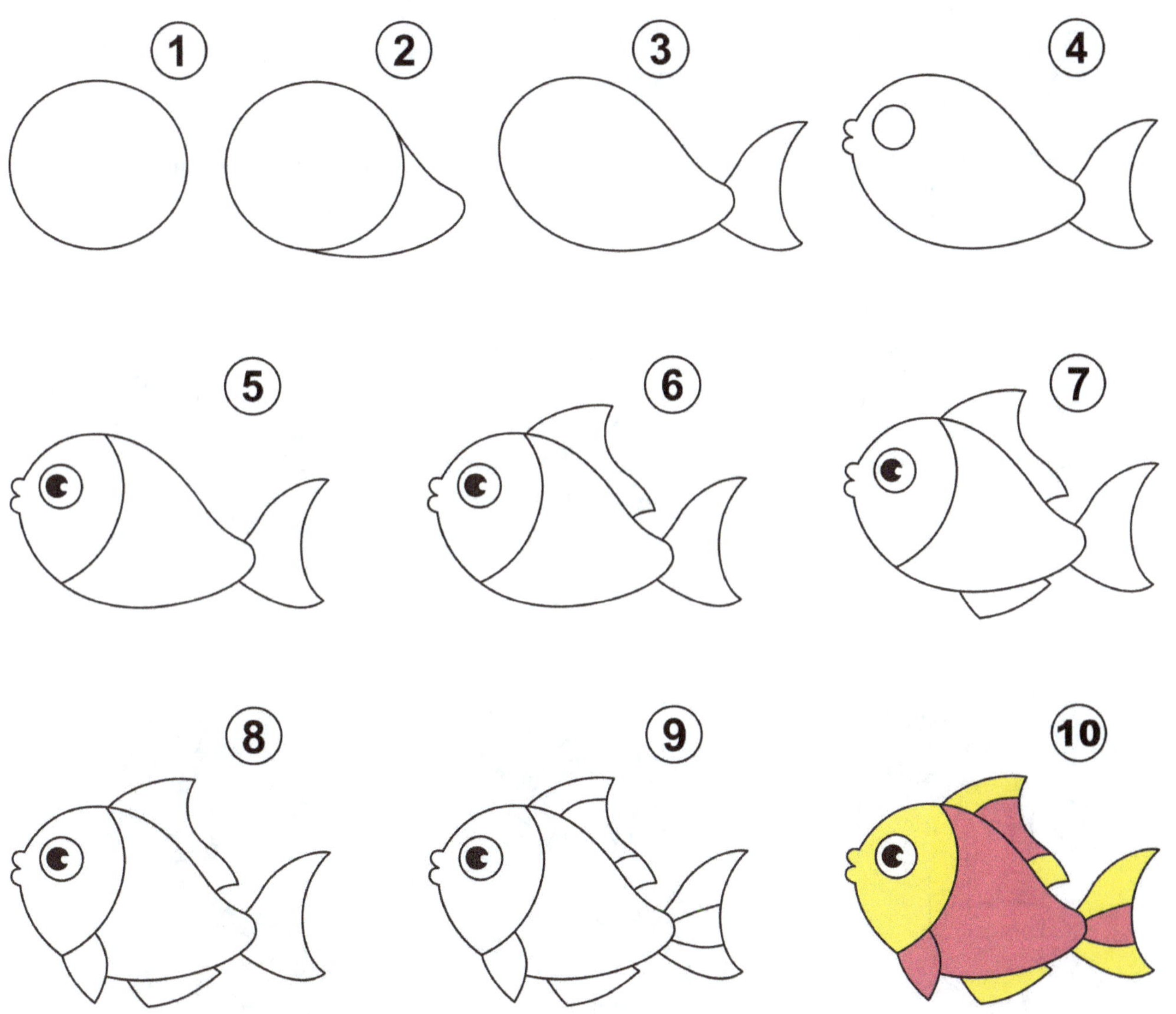

Giraffa

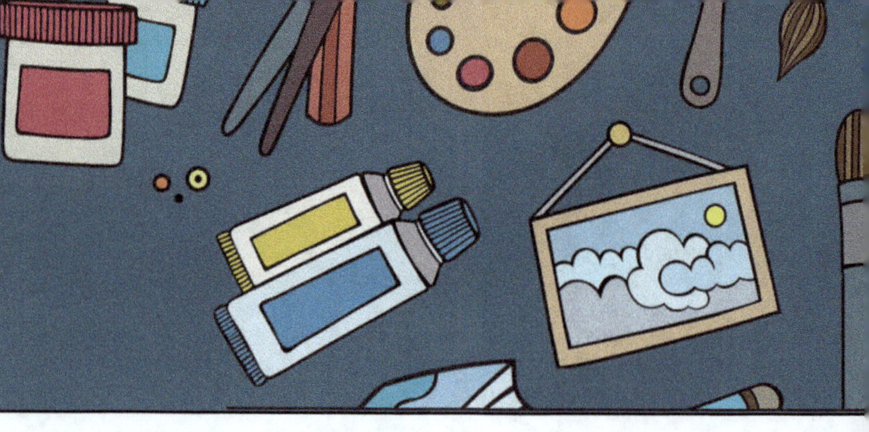

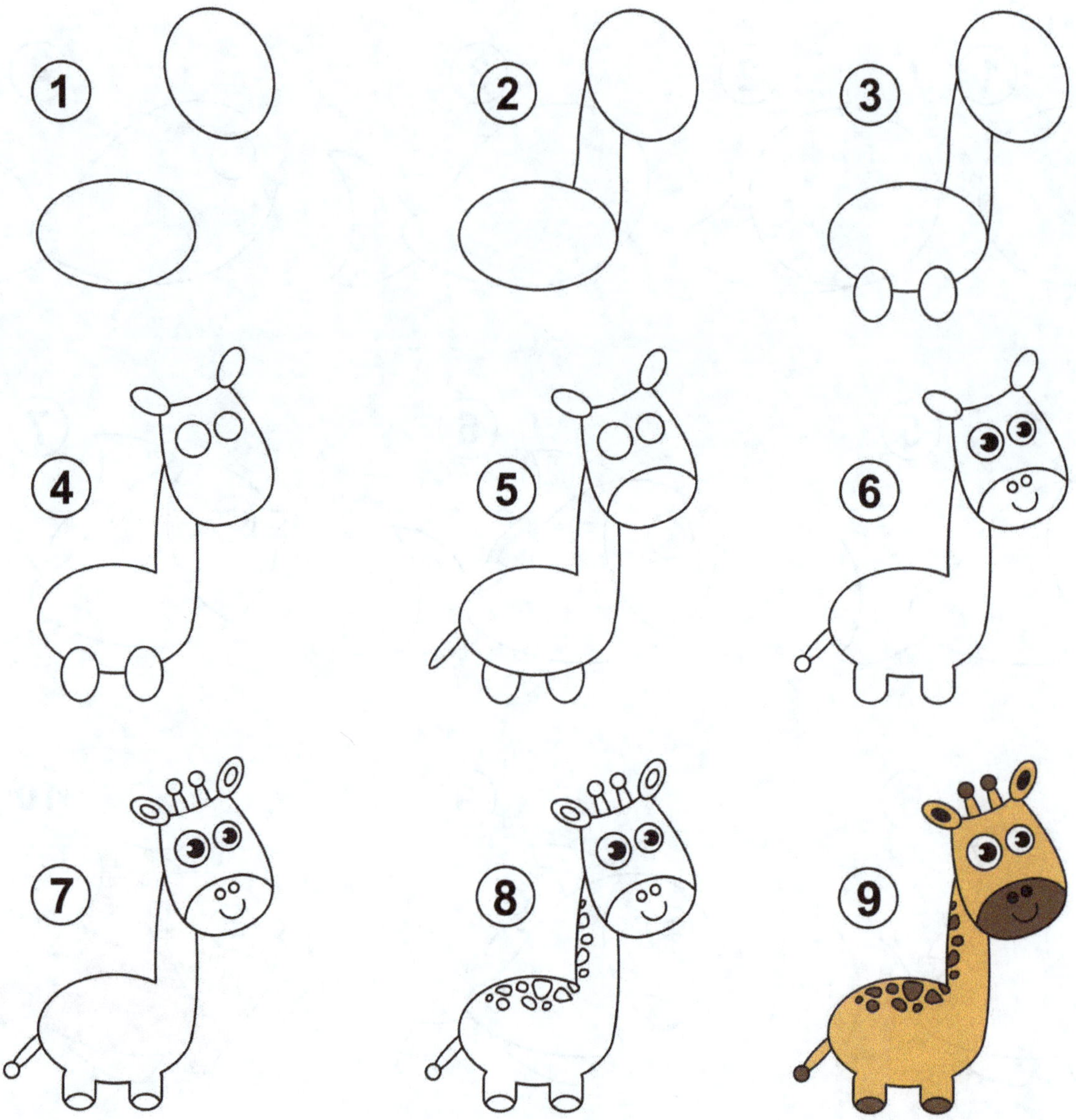

Globo

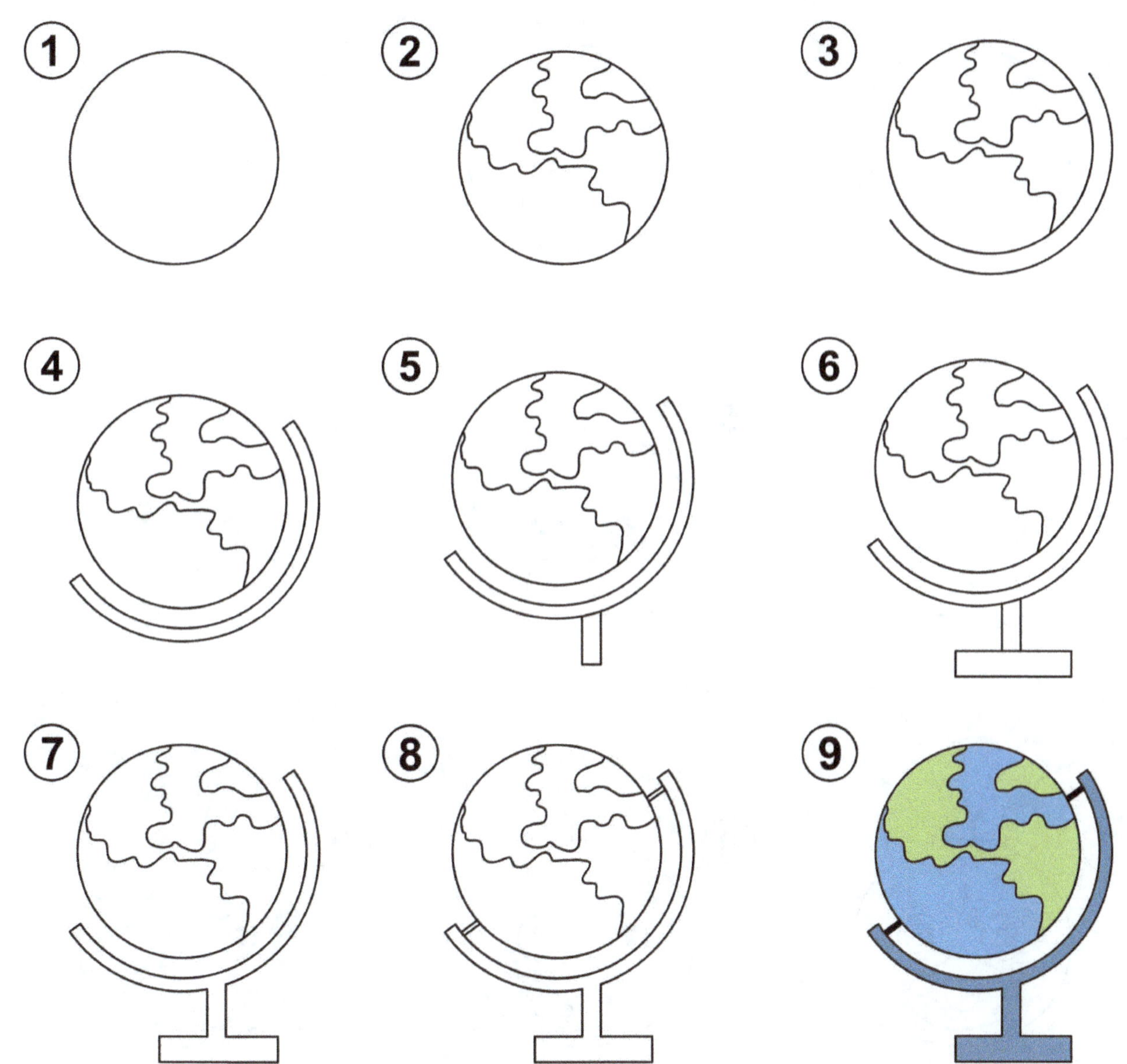

Hare capo

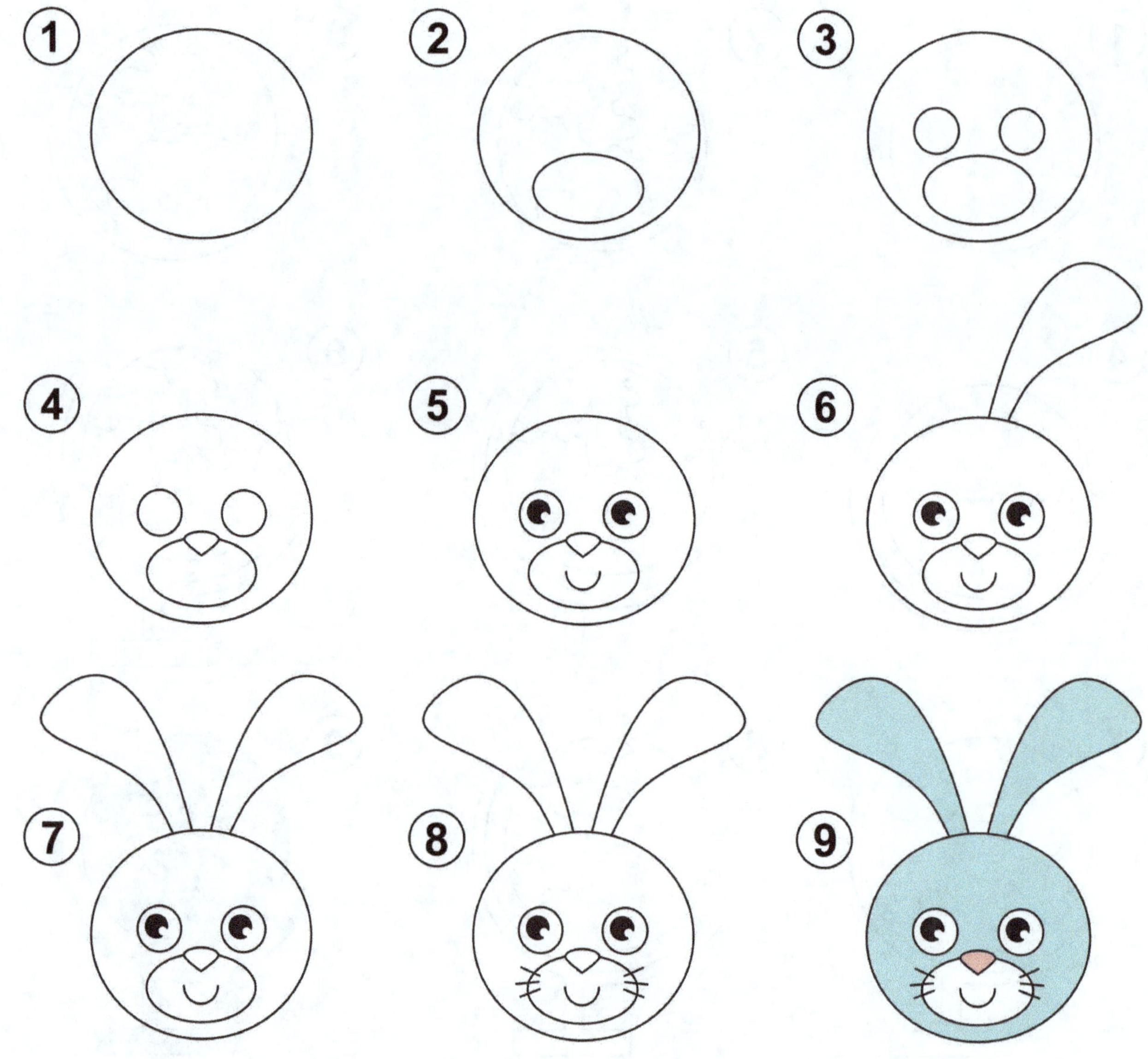

Cuore

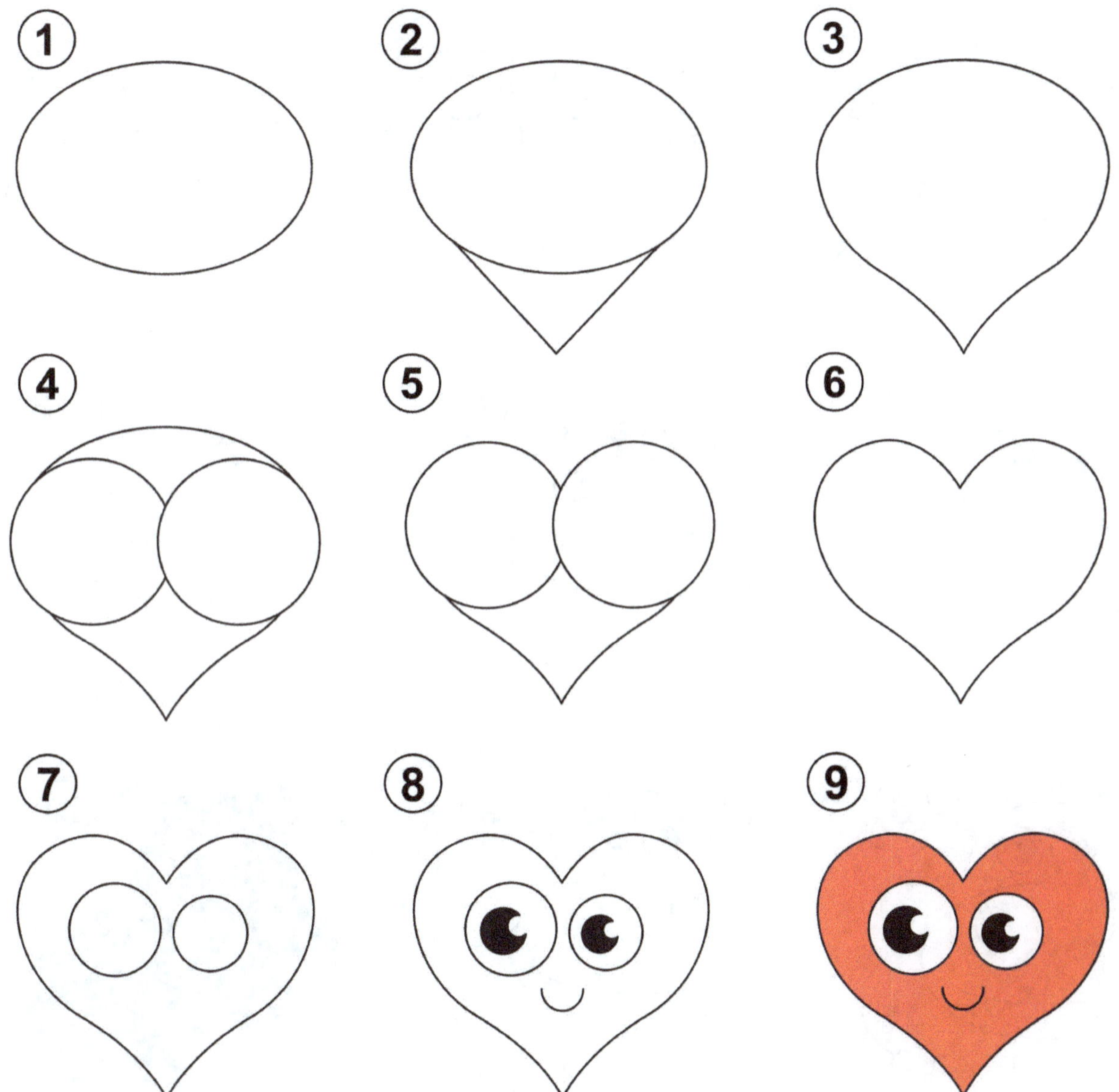

Ippopotamo

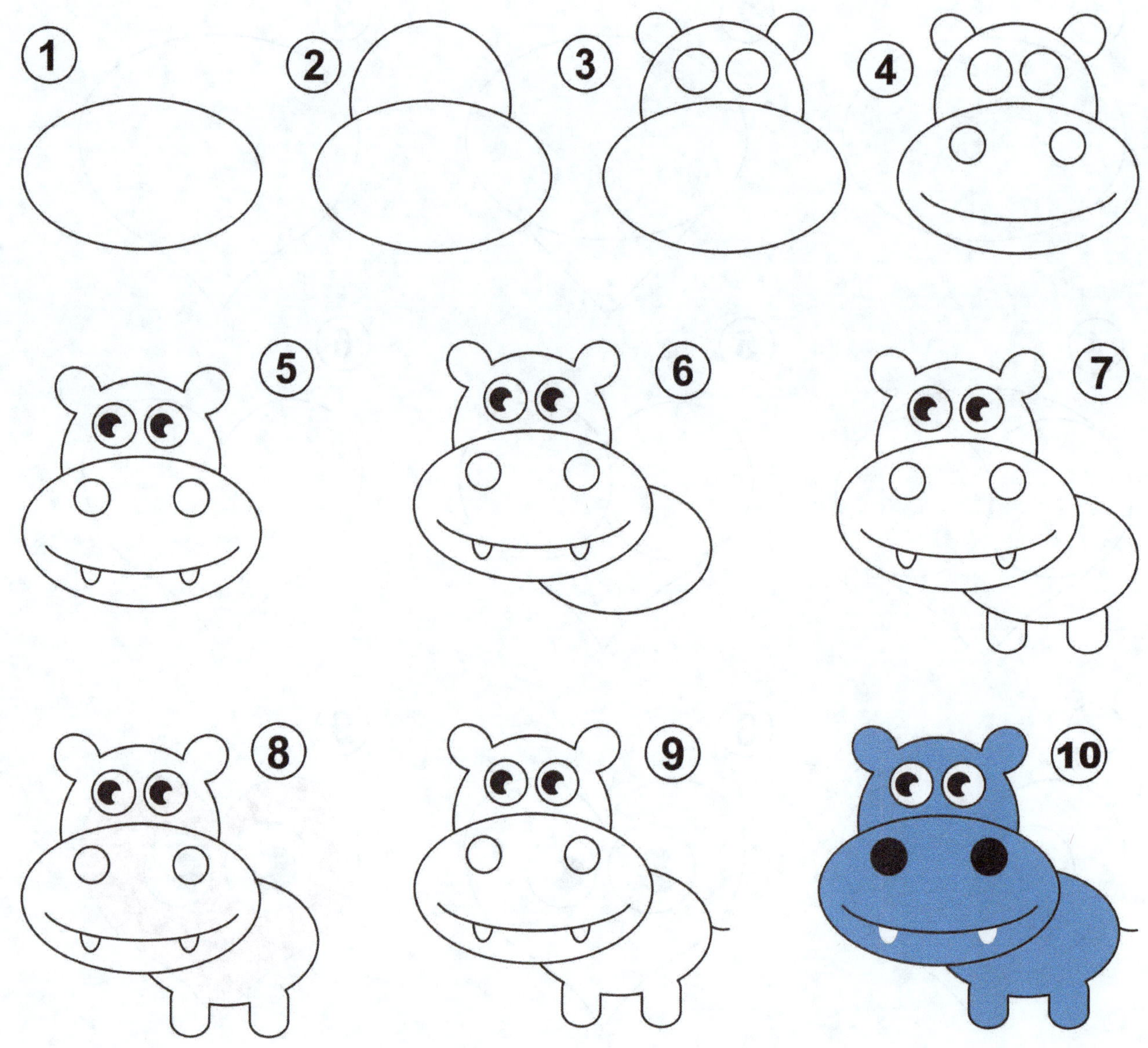

Cavallo

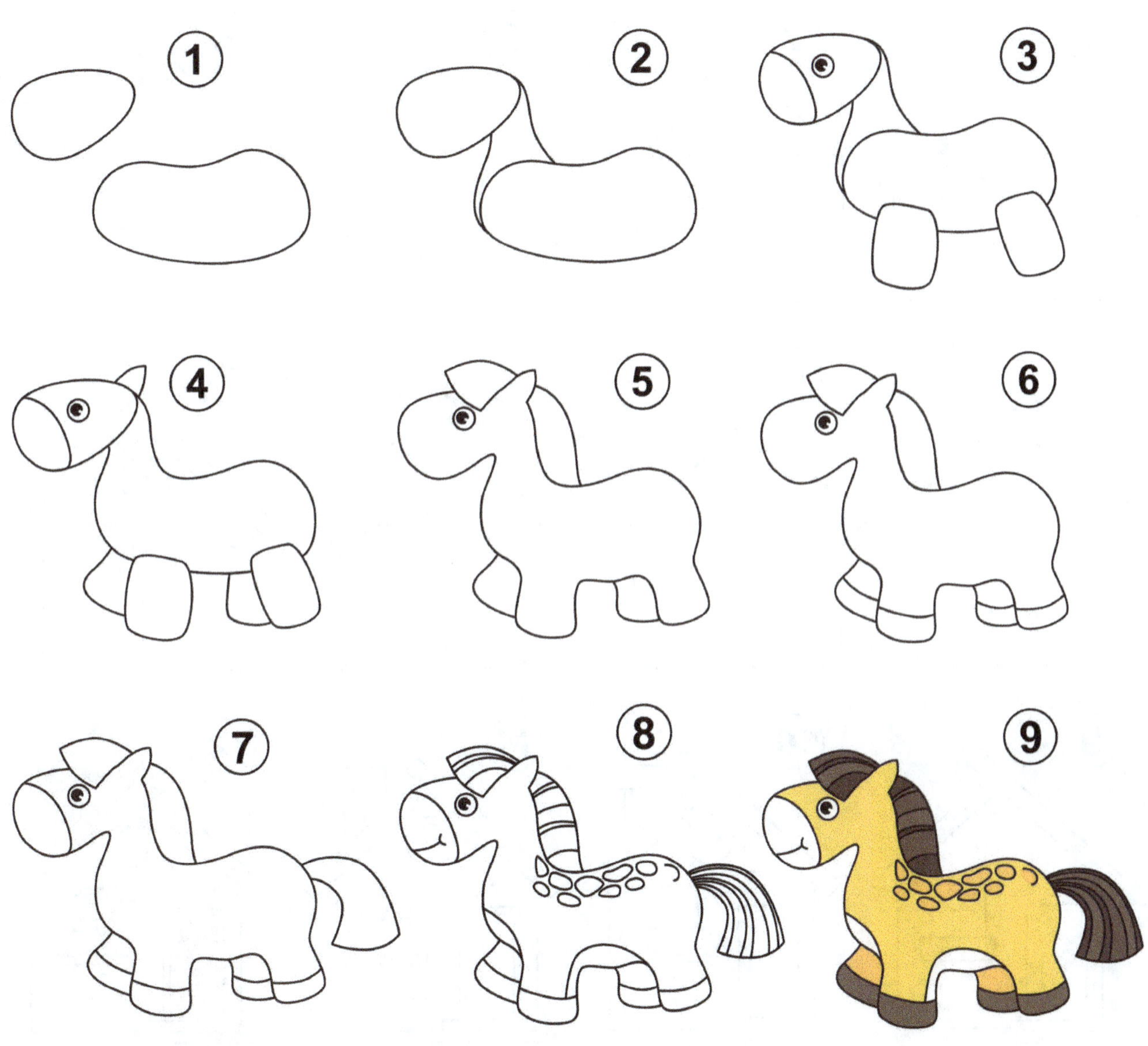

Casa

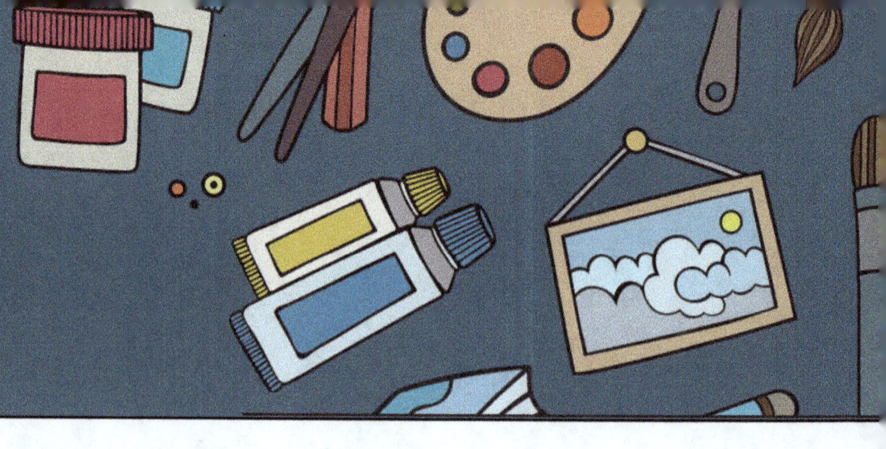

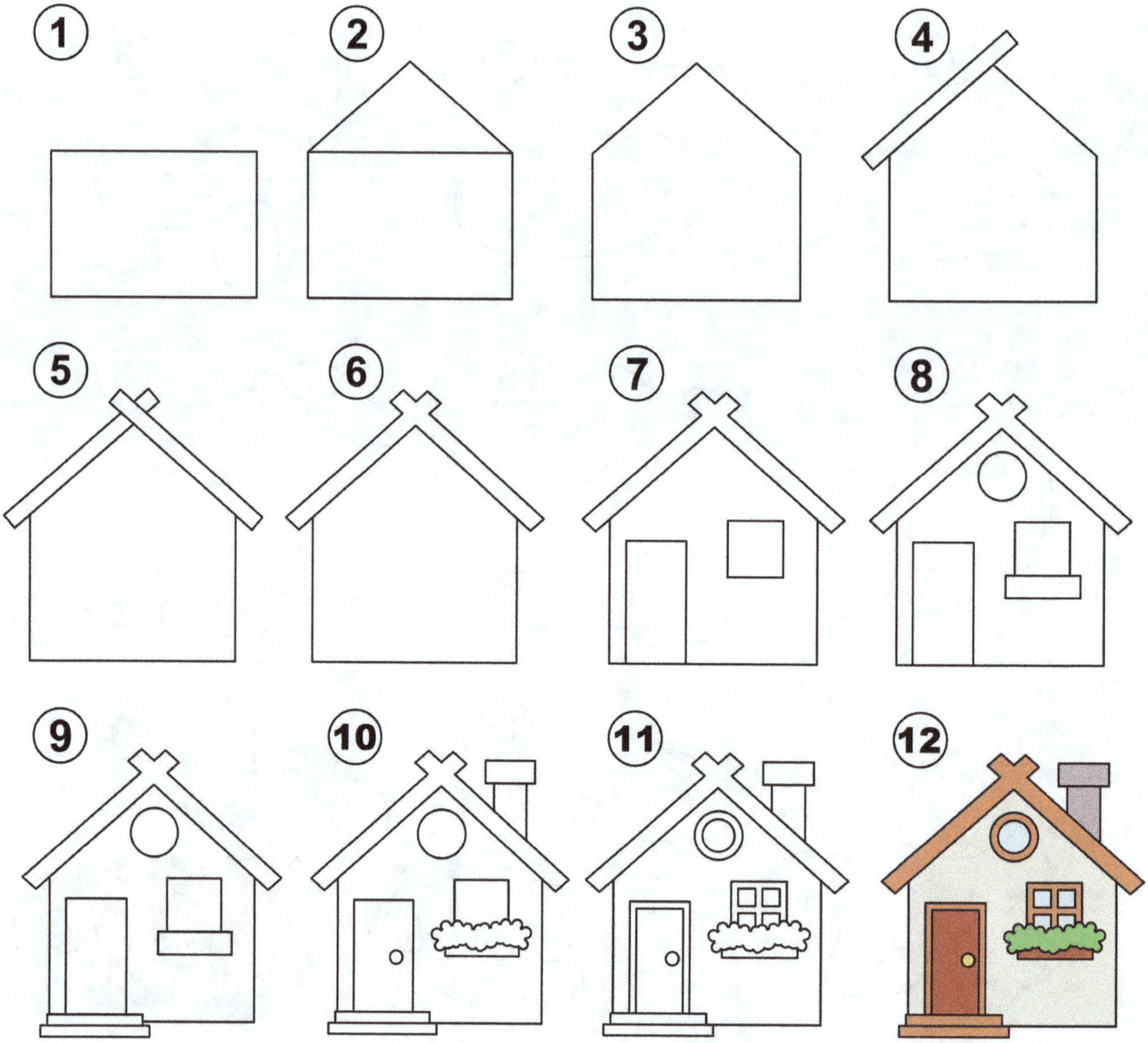

Gelato

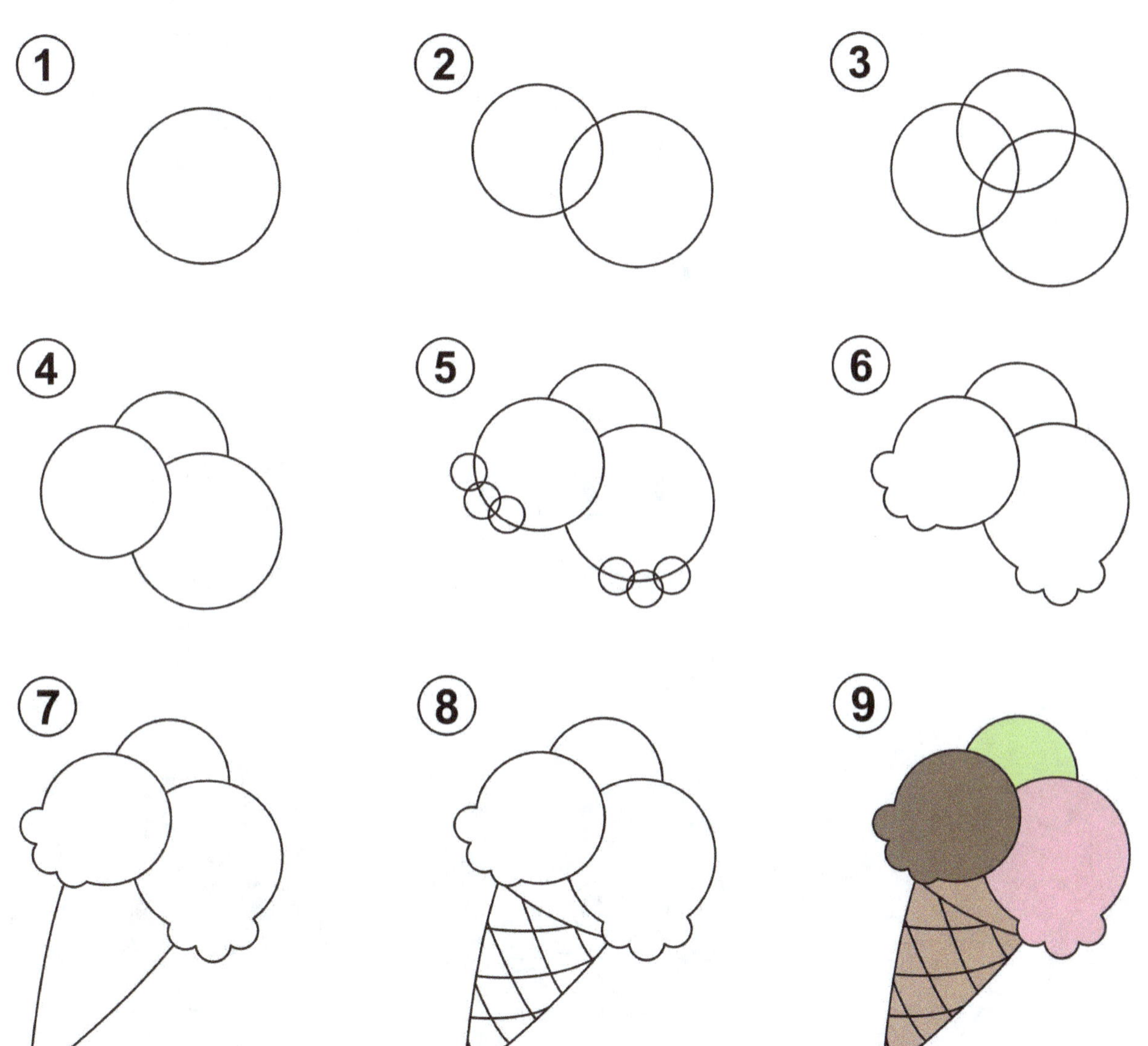

Gattino

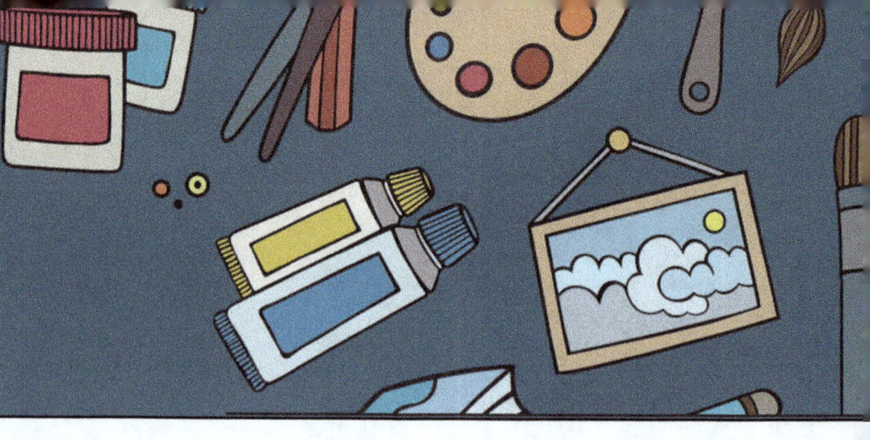

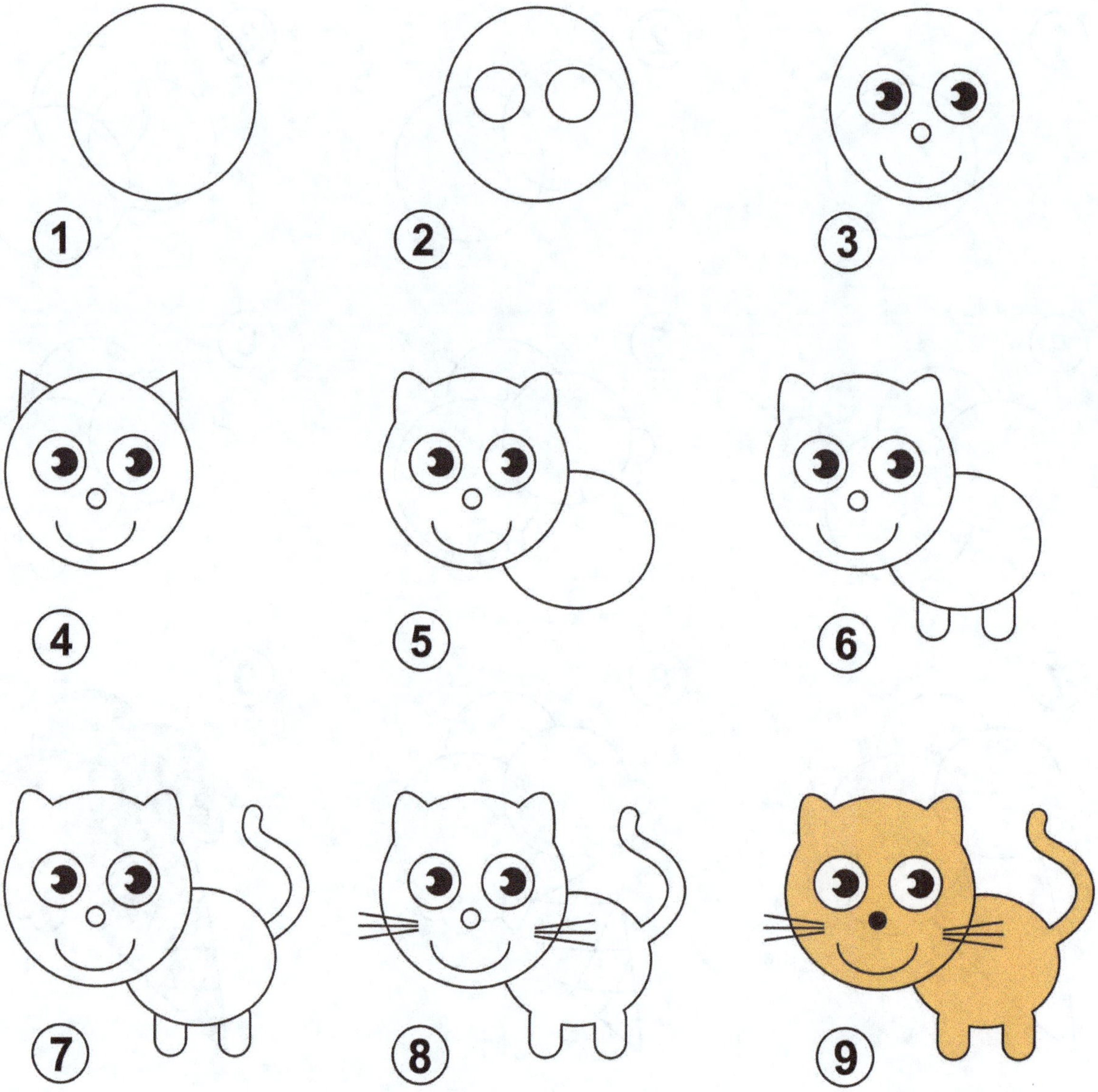

1

2

3

4

5

6

7

8

9

Coccinella

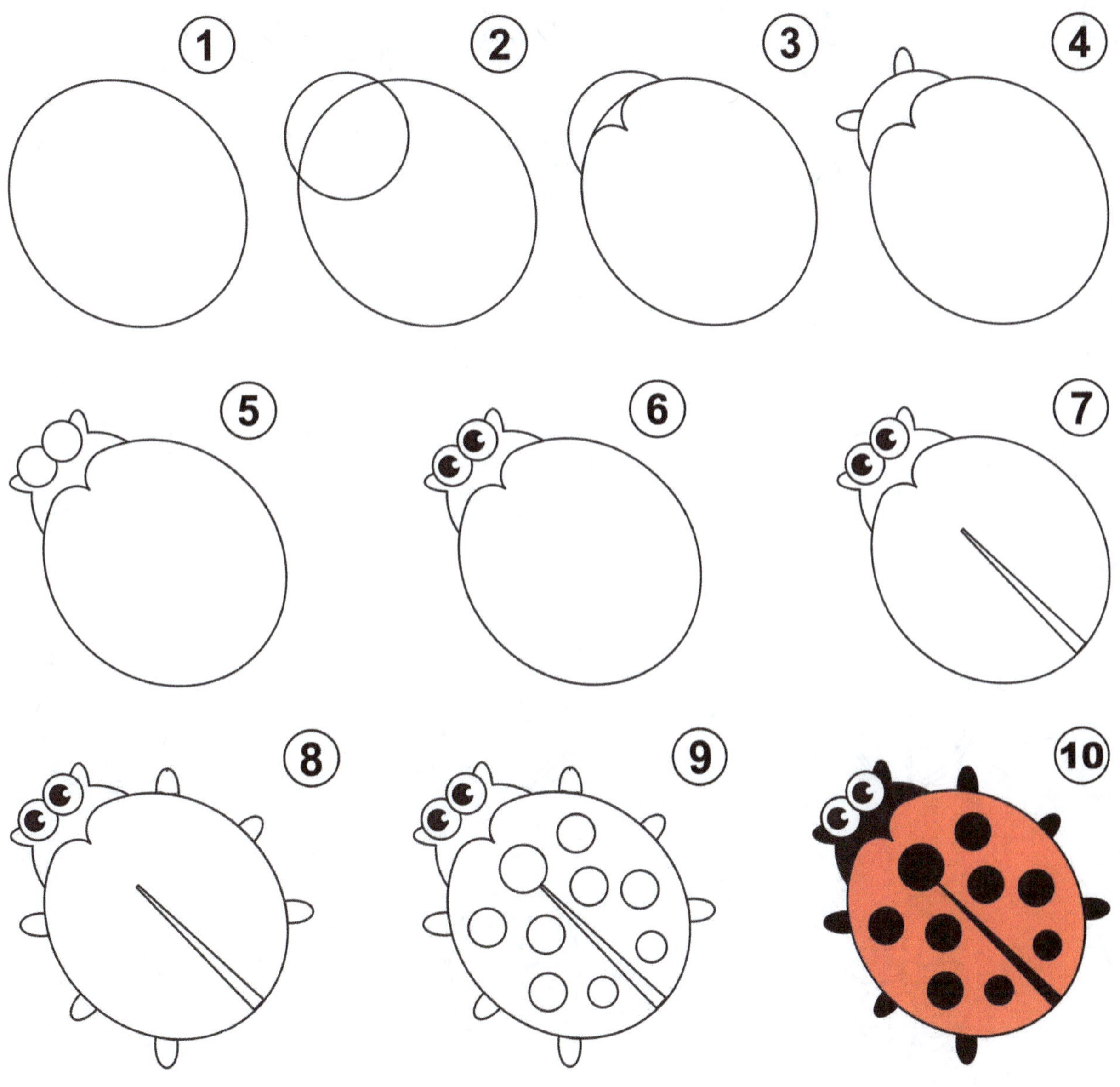

Limone

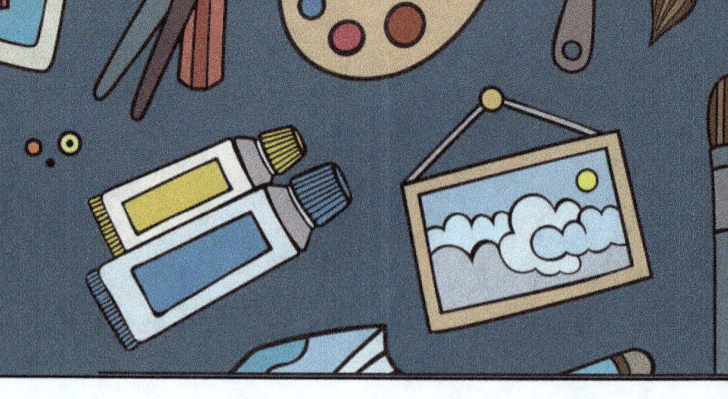

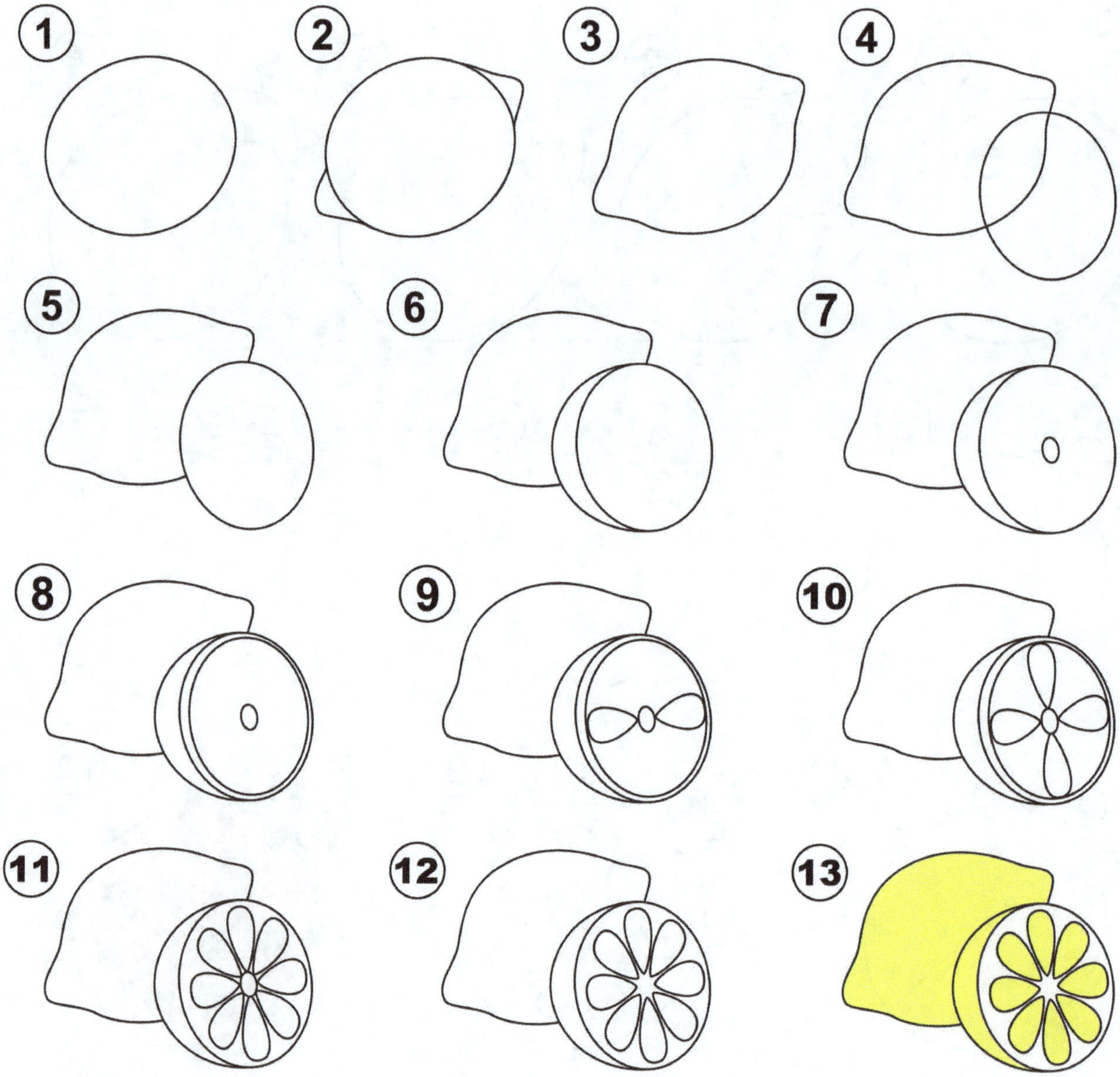

Scimmia

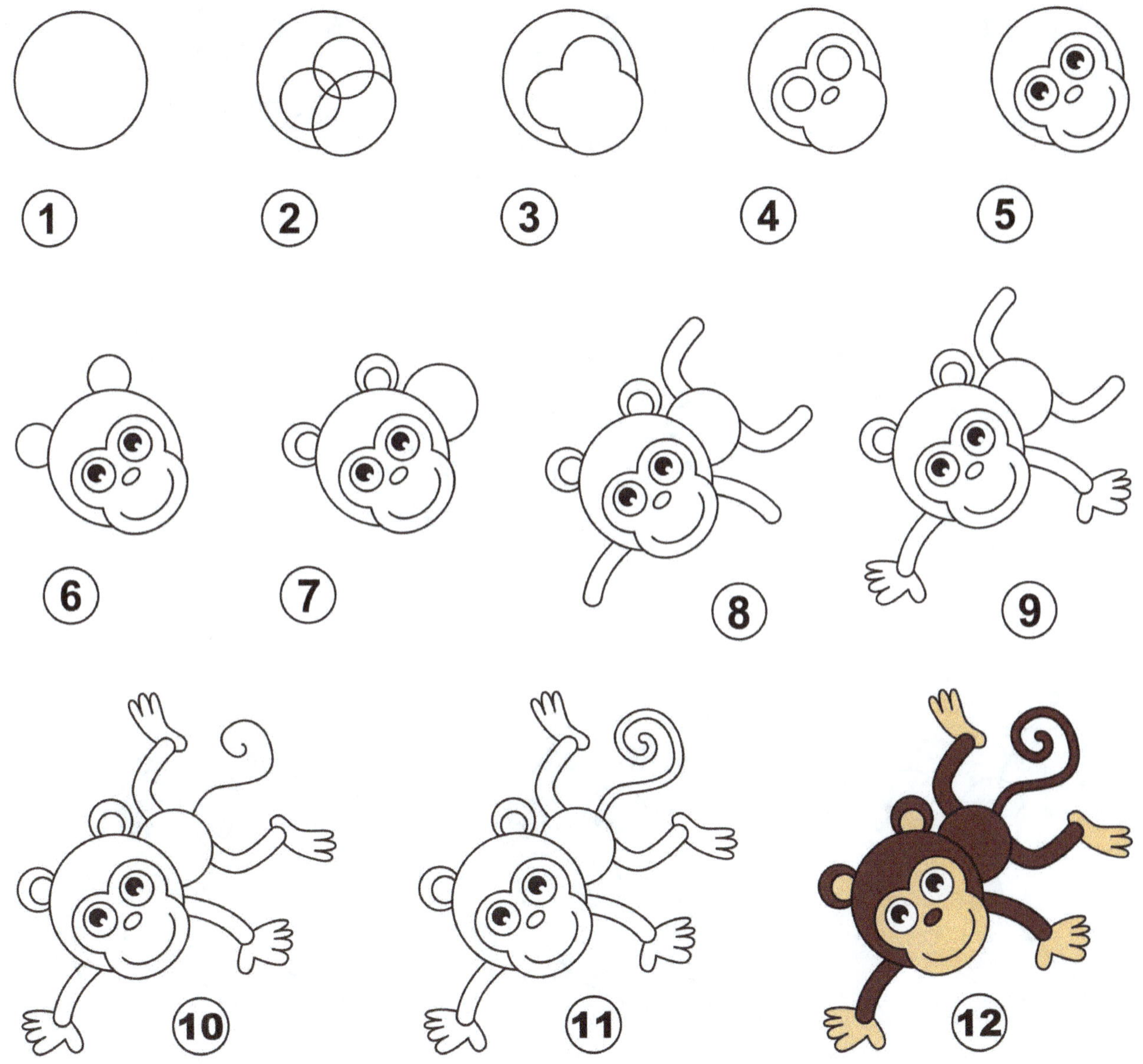

Luna

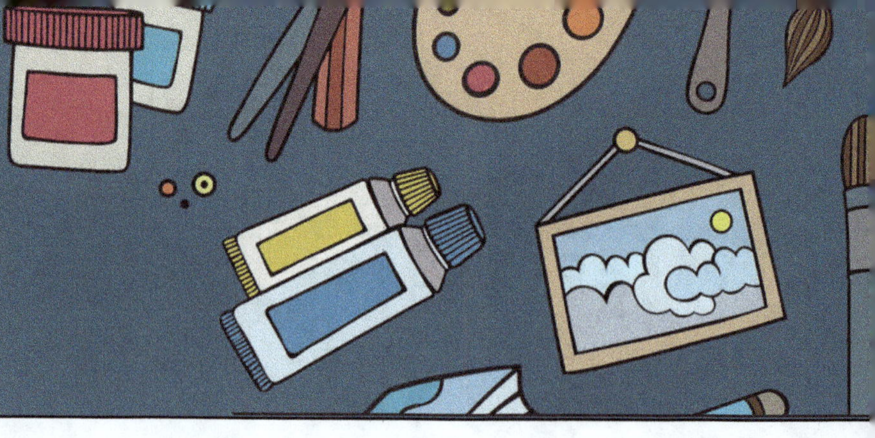

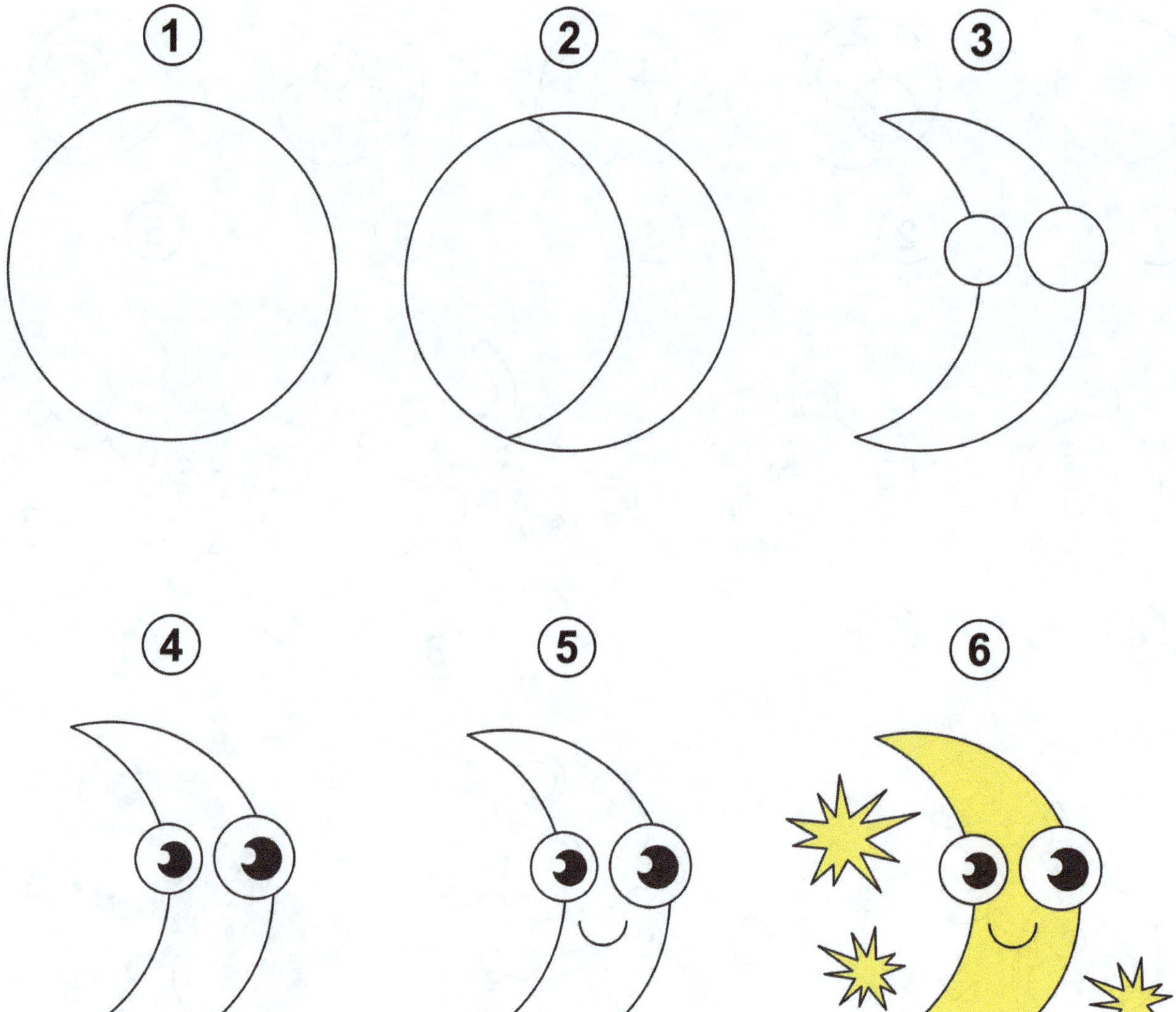

① ② ③

④ ⑤ ⑥

Fungo

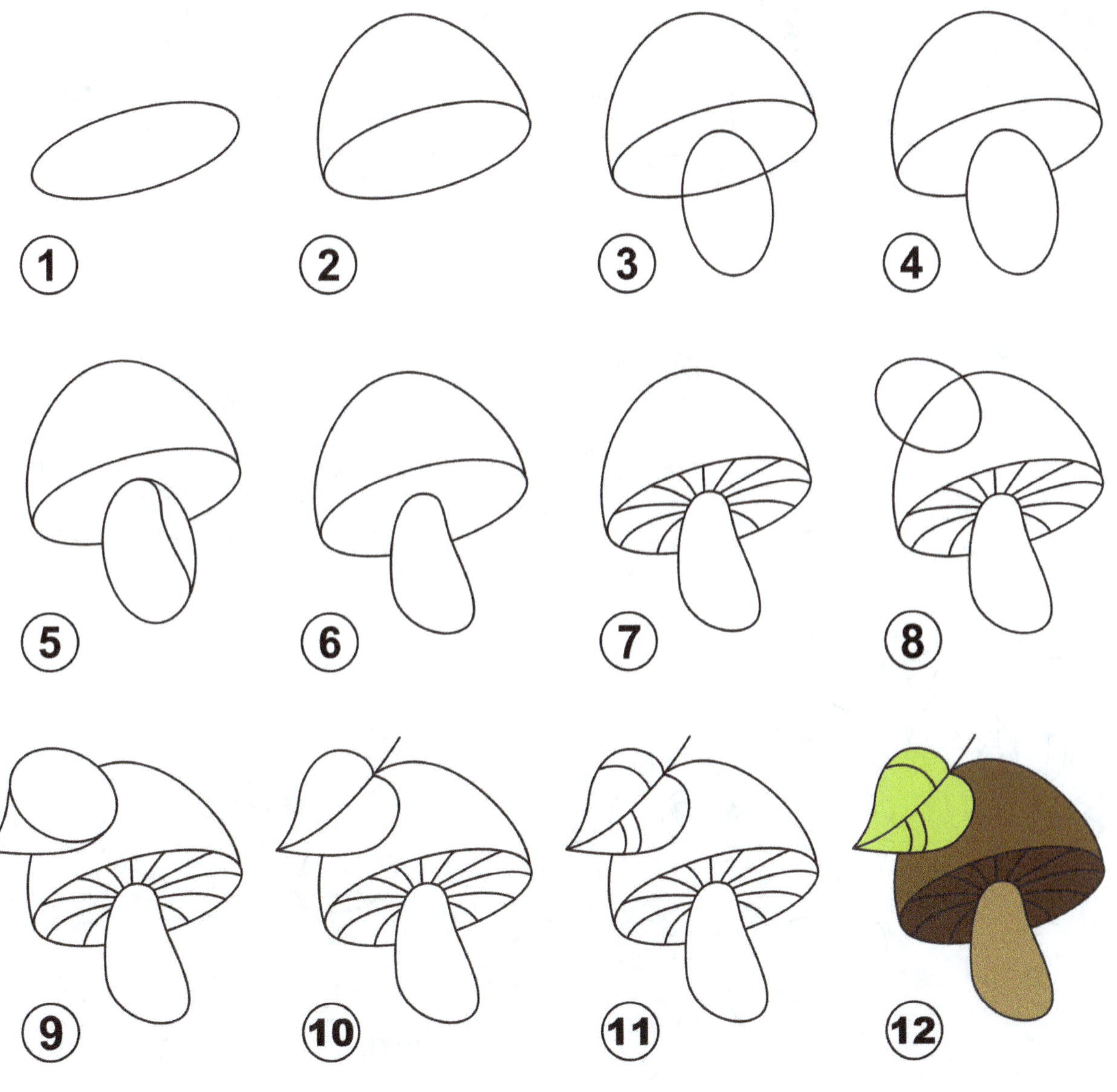

Pulpo

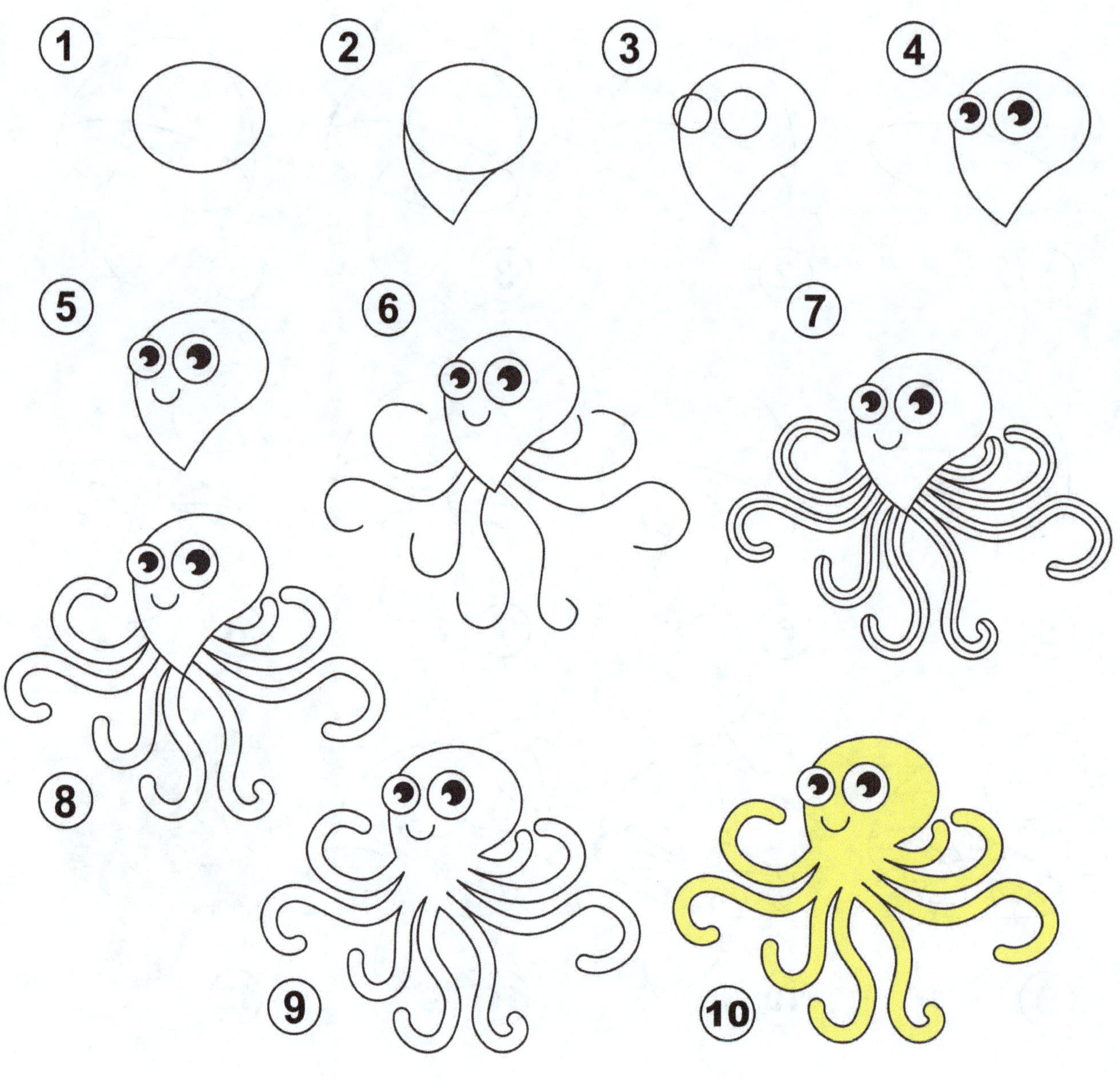

Gufo

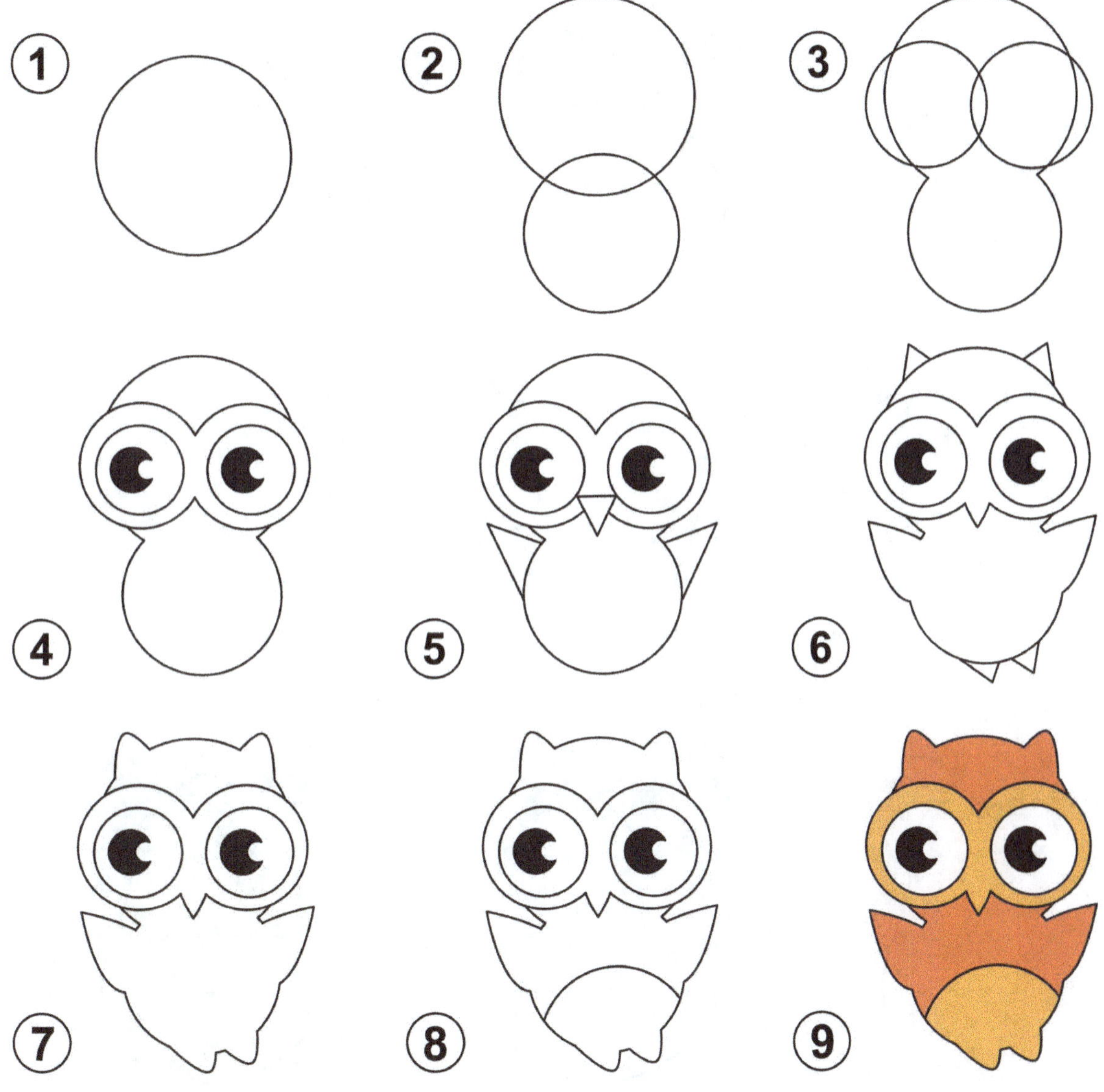

Pera

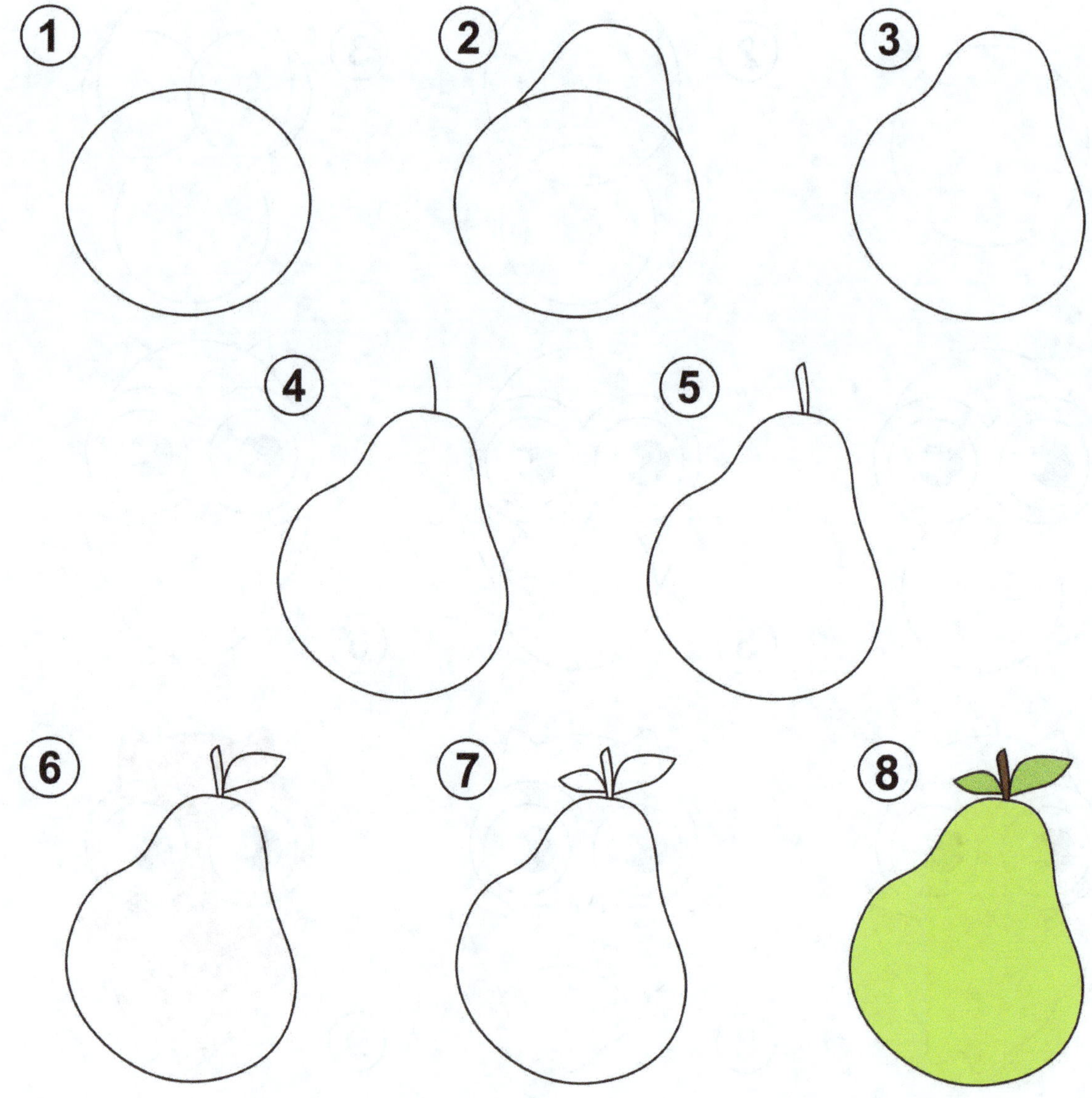

Bird
Pink

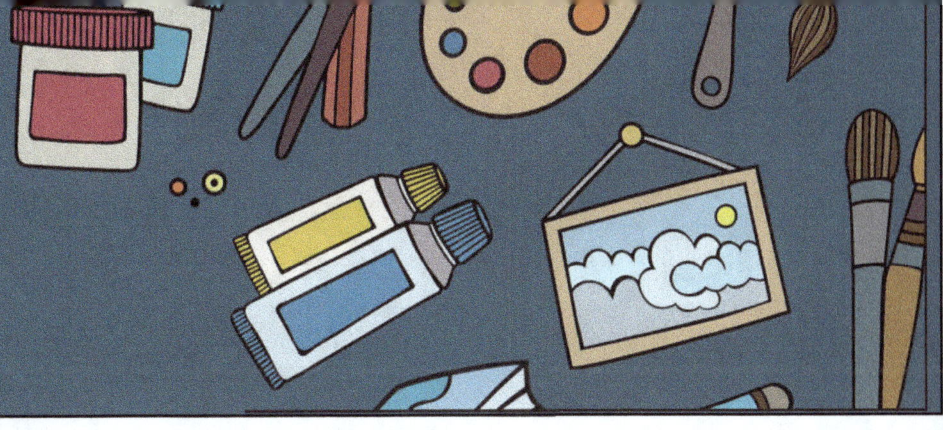

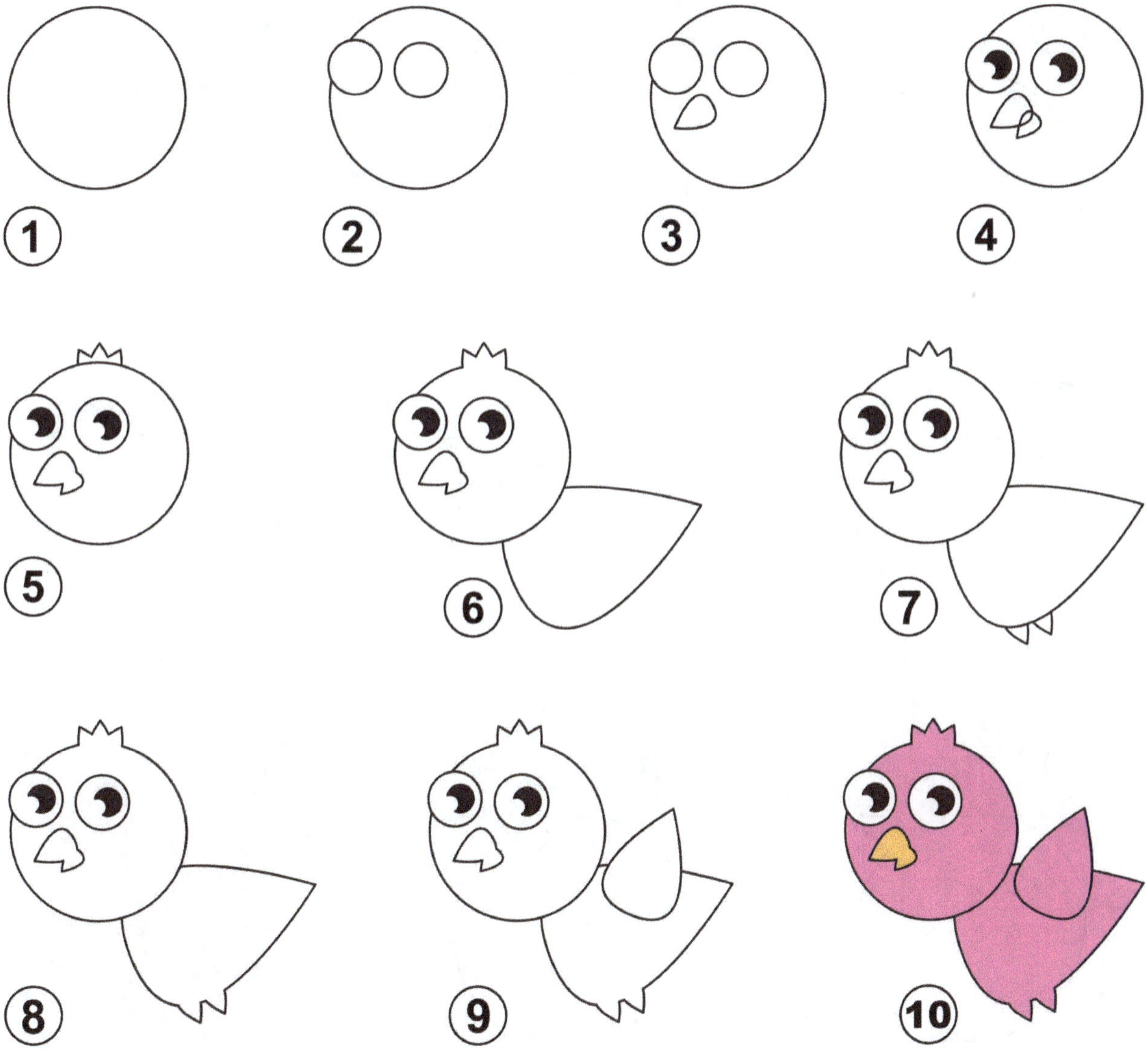

① ② ③ ④

⑤ ⑥ ⑦

⑧ ⑨ ⑩

Melograno

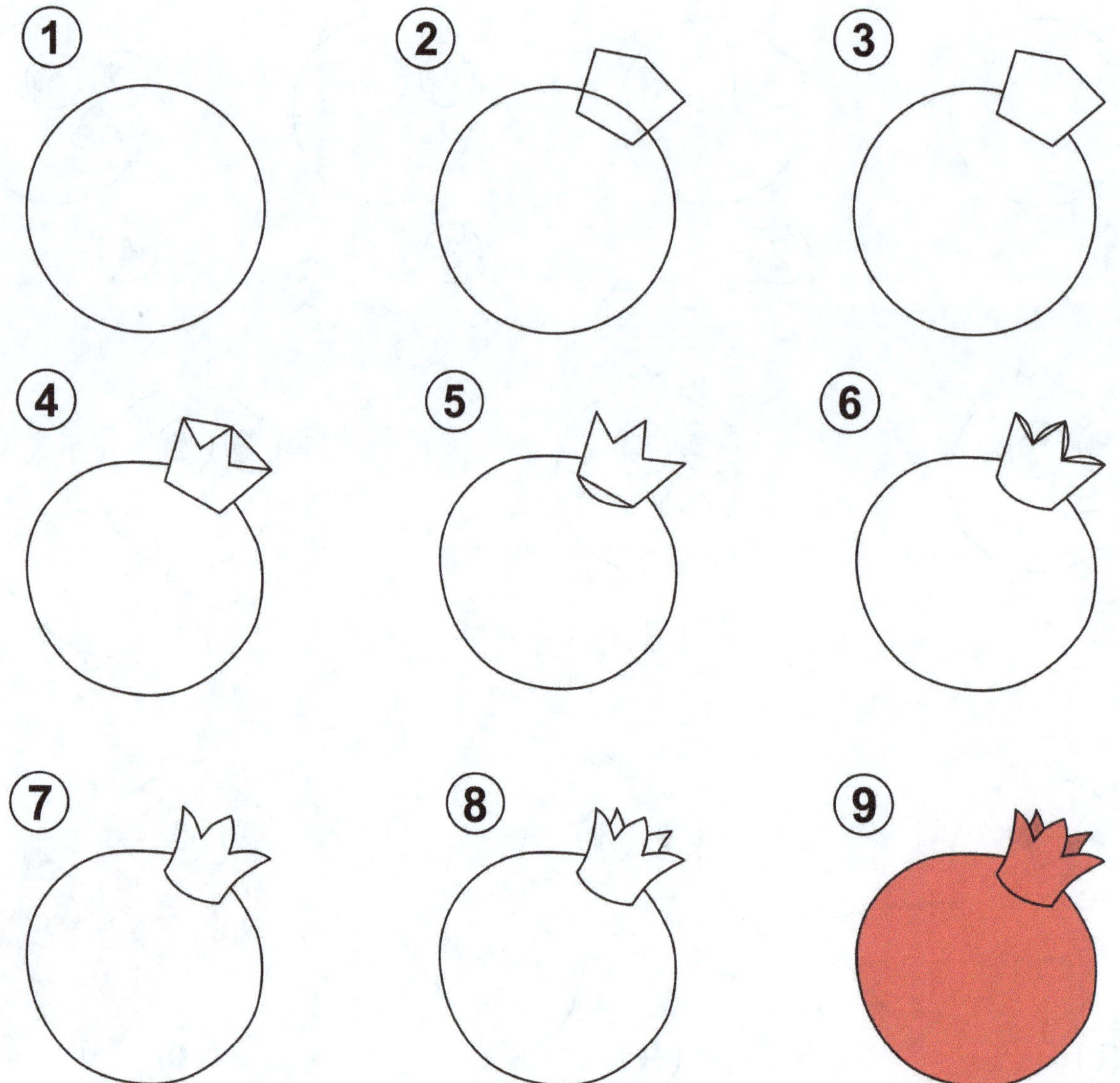

Vaso di
fiori

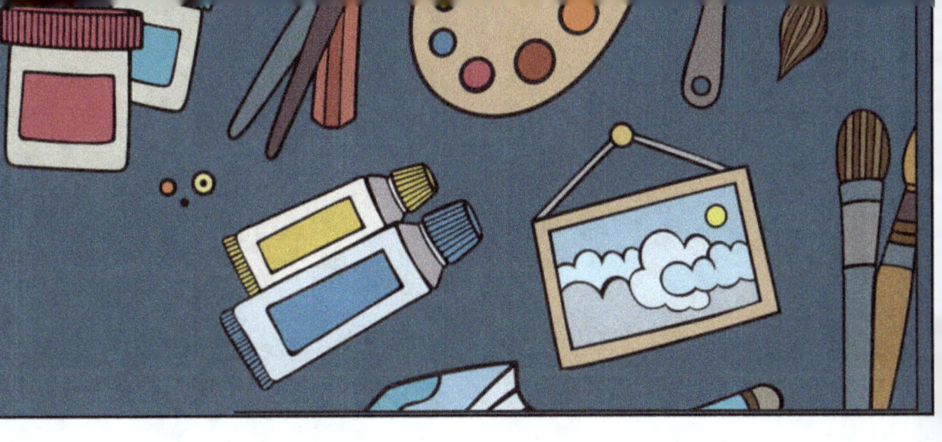

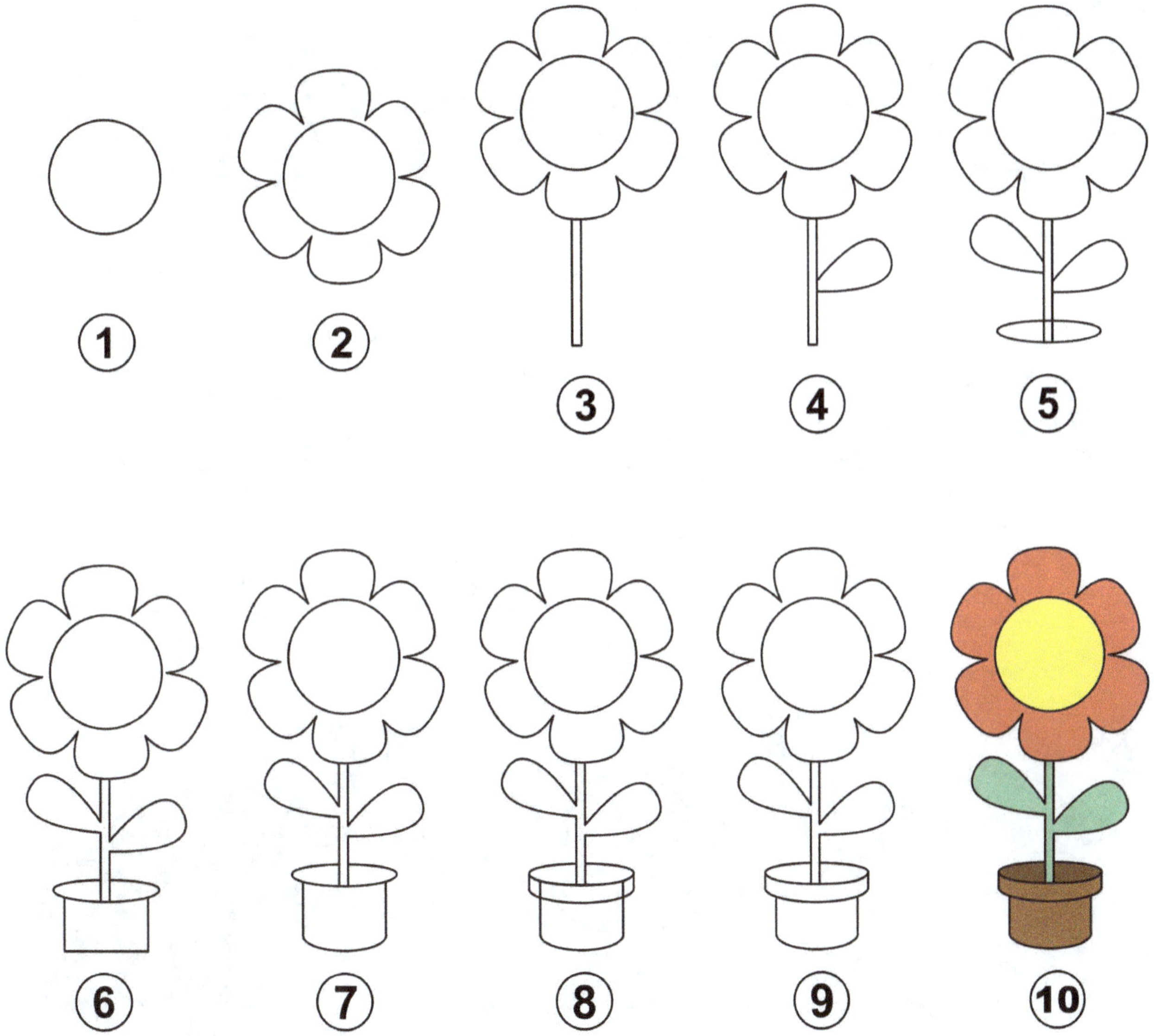

① ② ③ ④ ⑤

⑥ ⑦ ⑧ ⑨ ⑩

Cucciolo

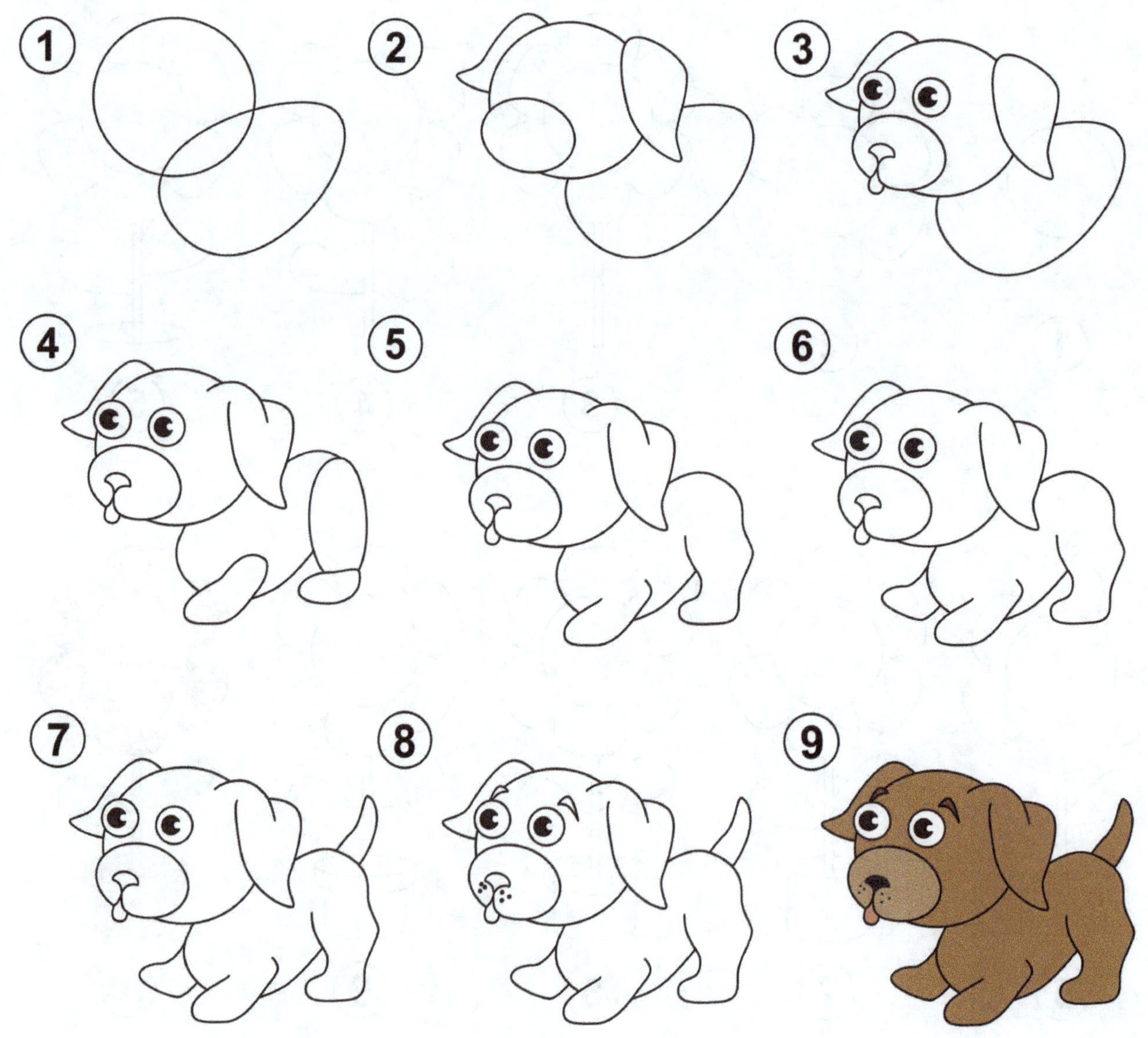

Coniglio

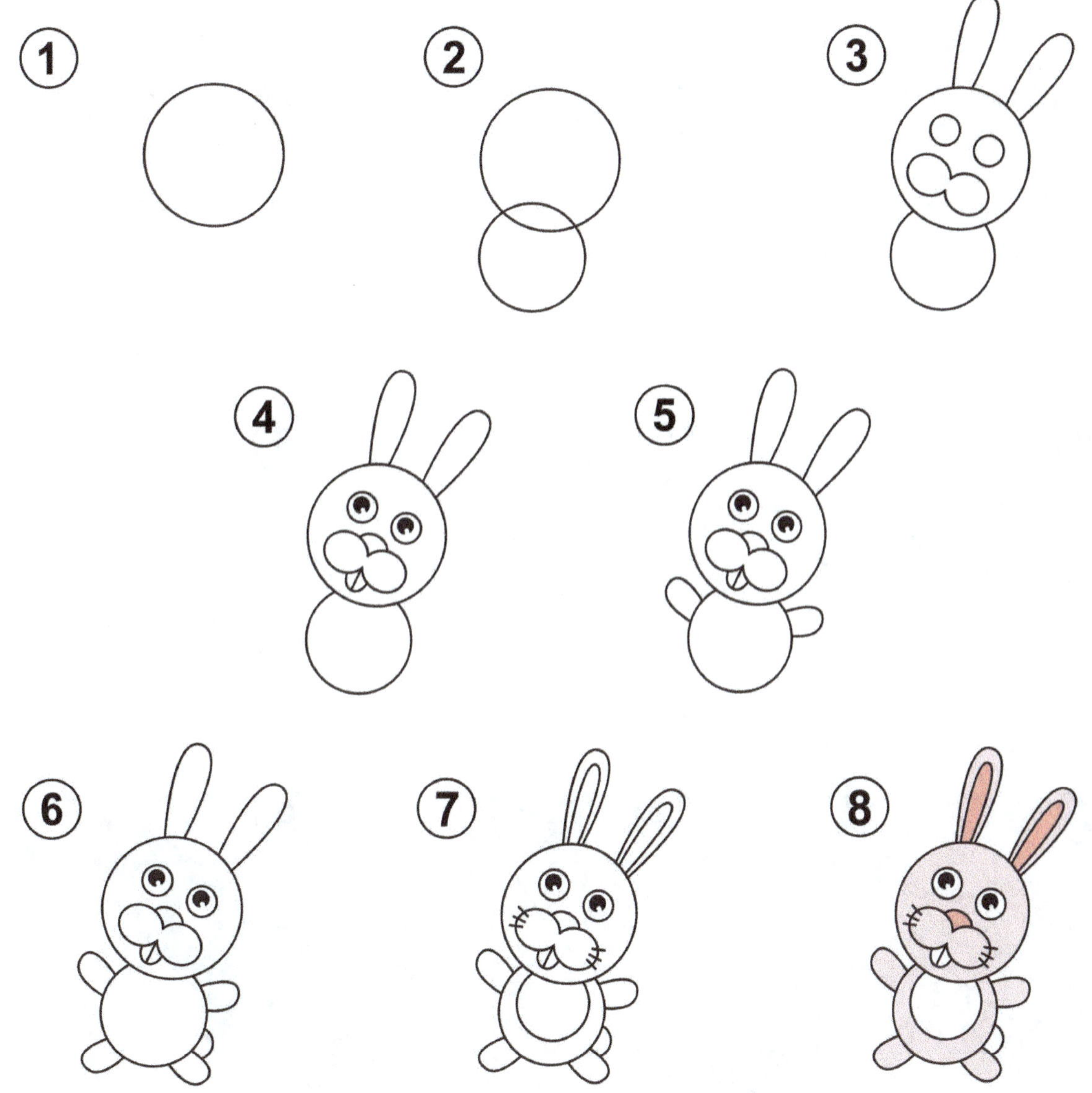

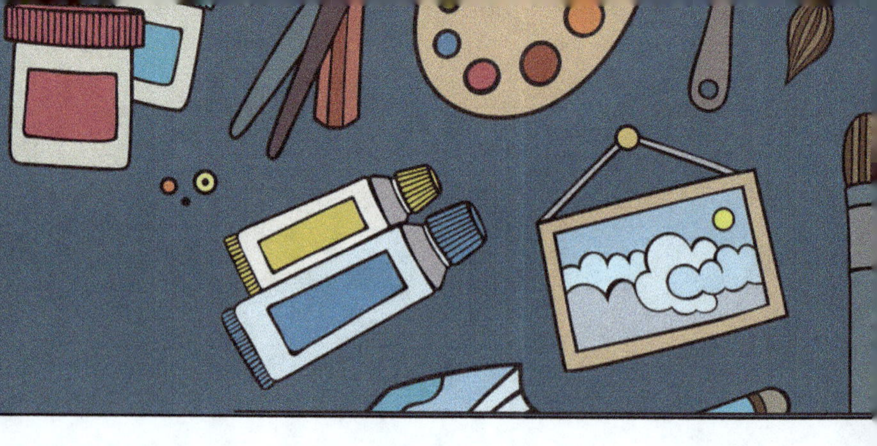

Razzo

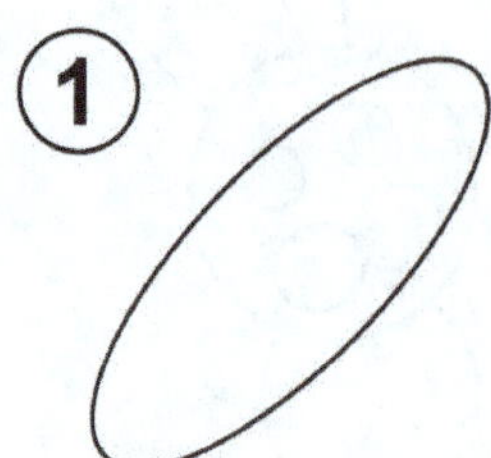

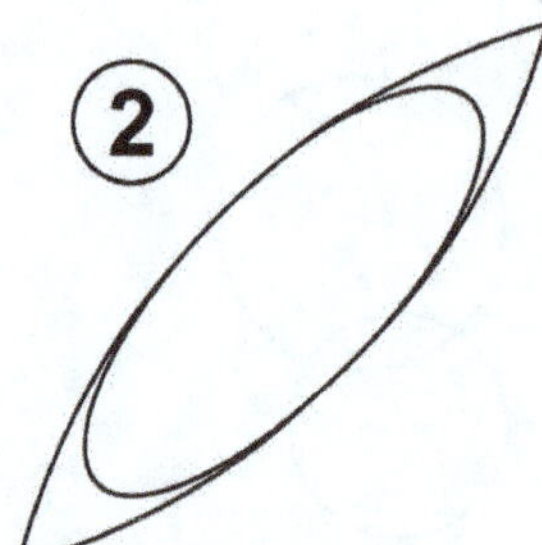

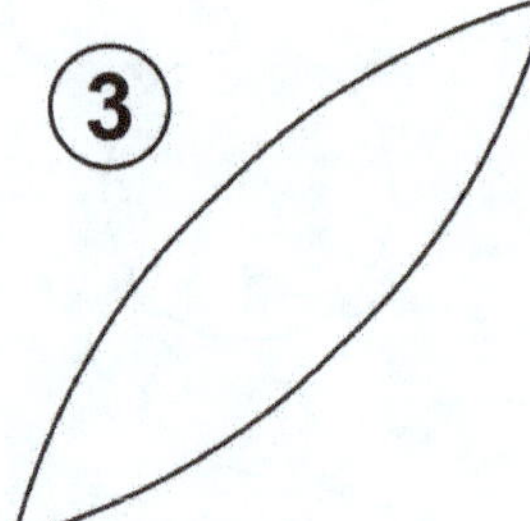

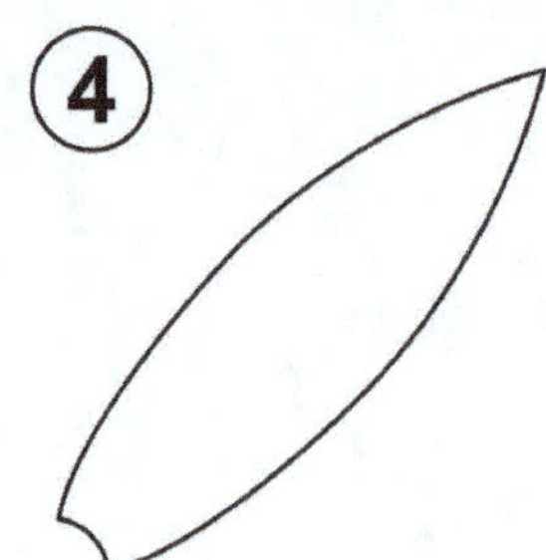

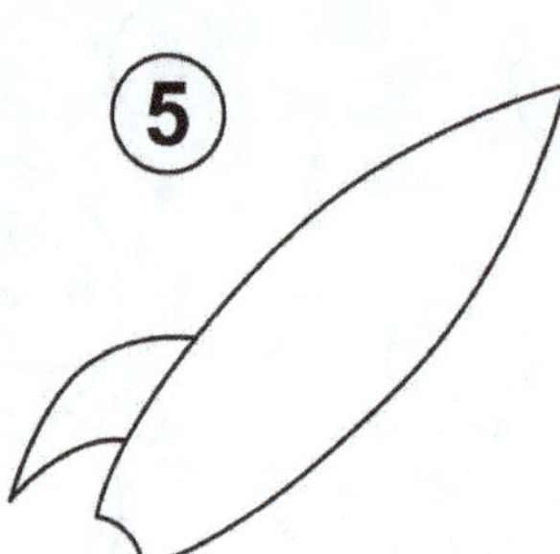

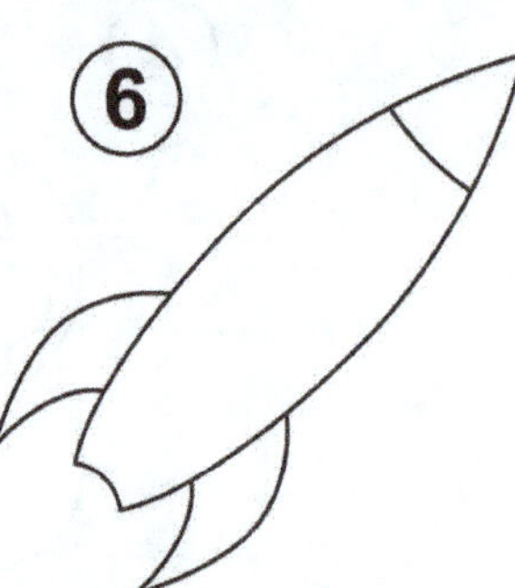

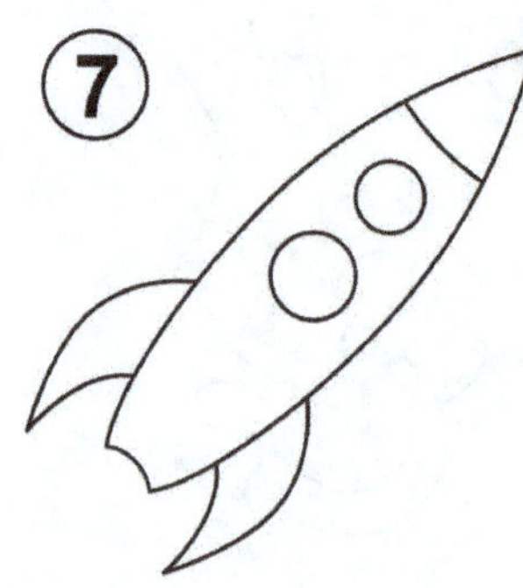

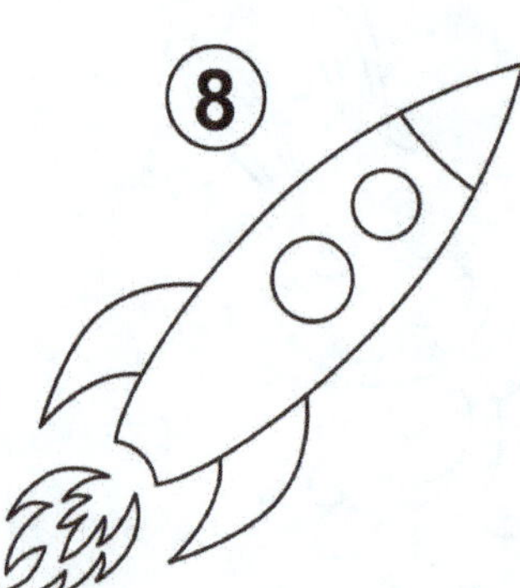

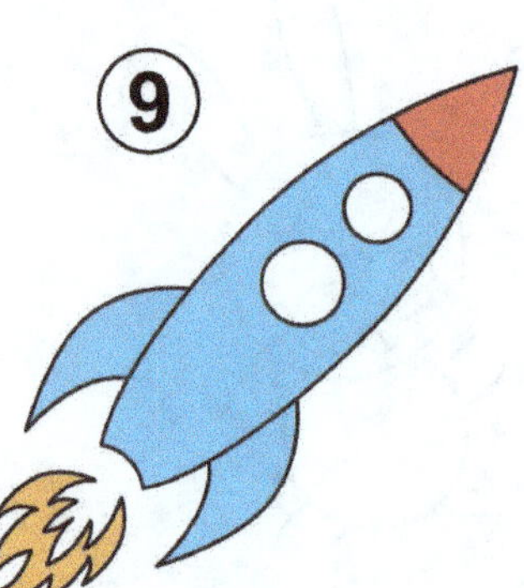

Serpente

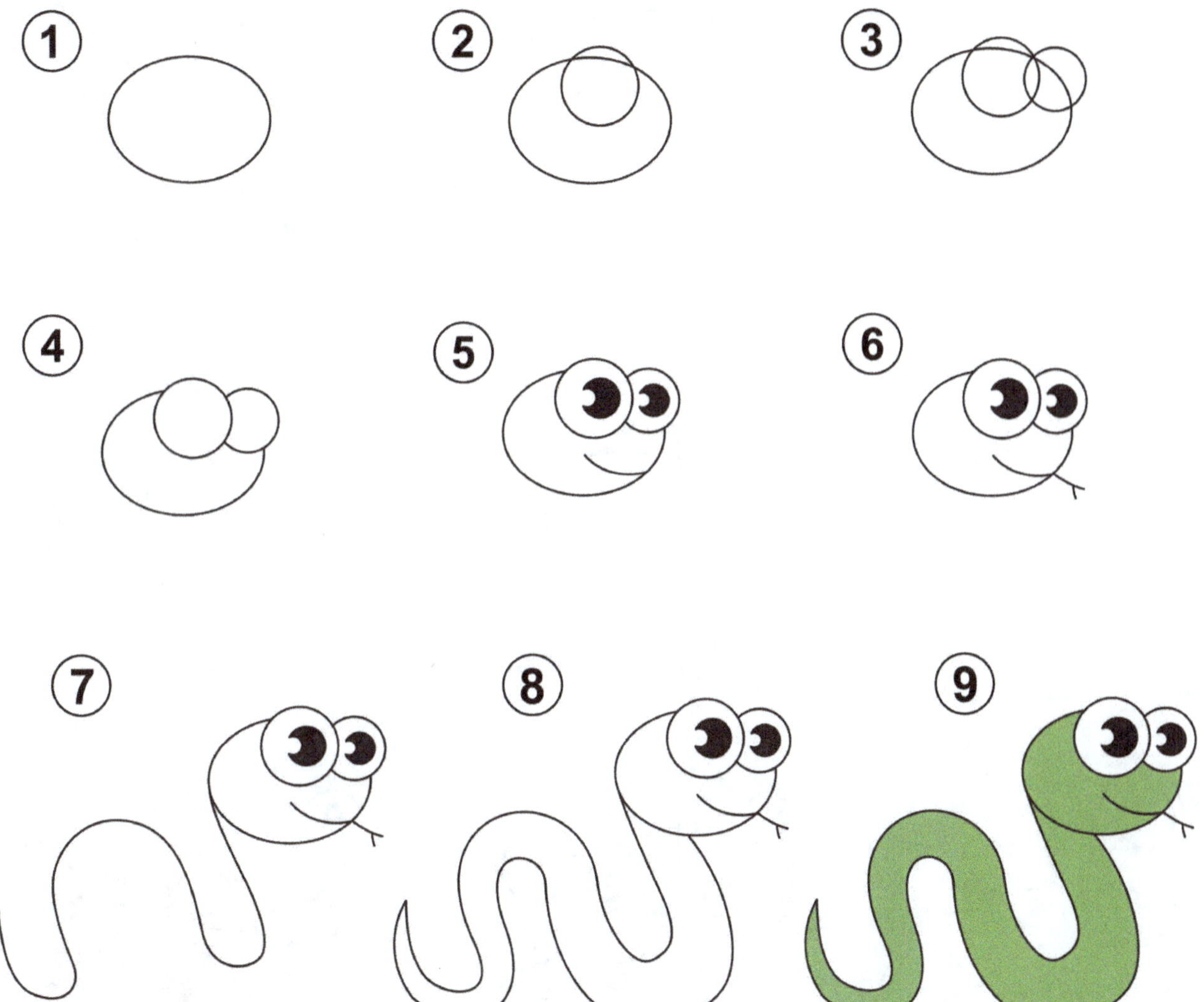

Stella marina

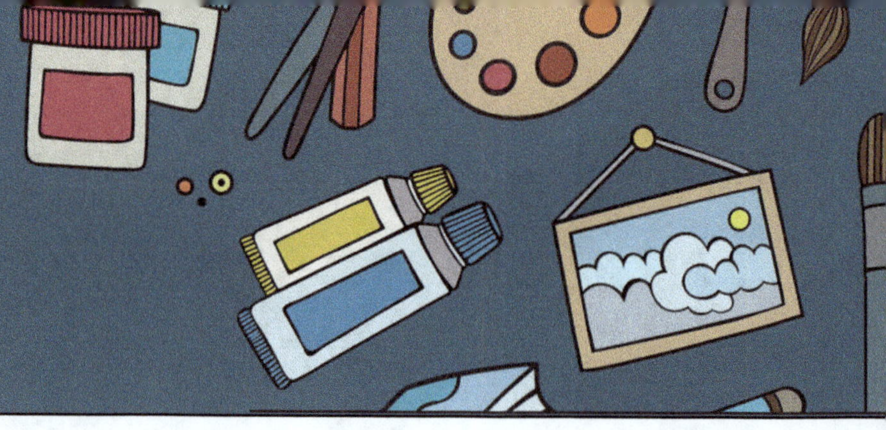

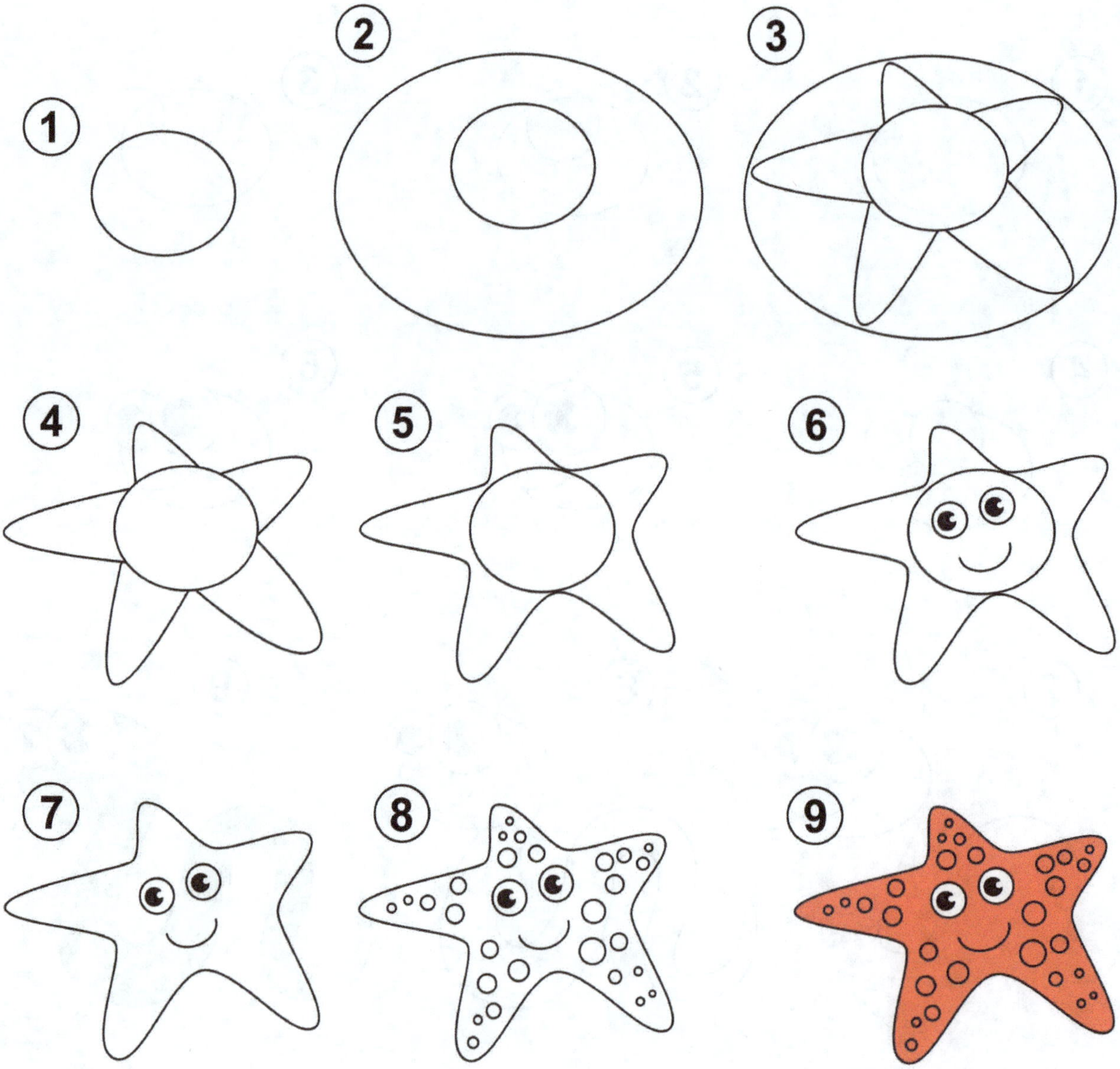

Sole

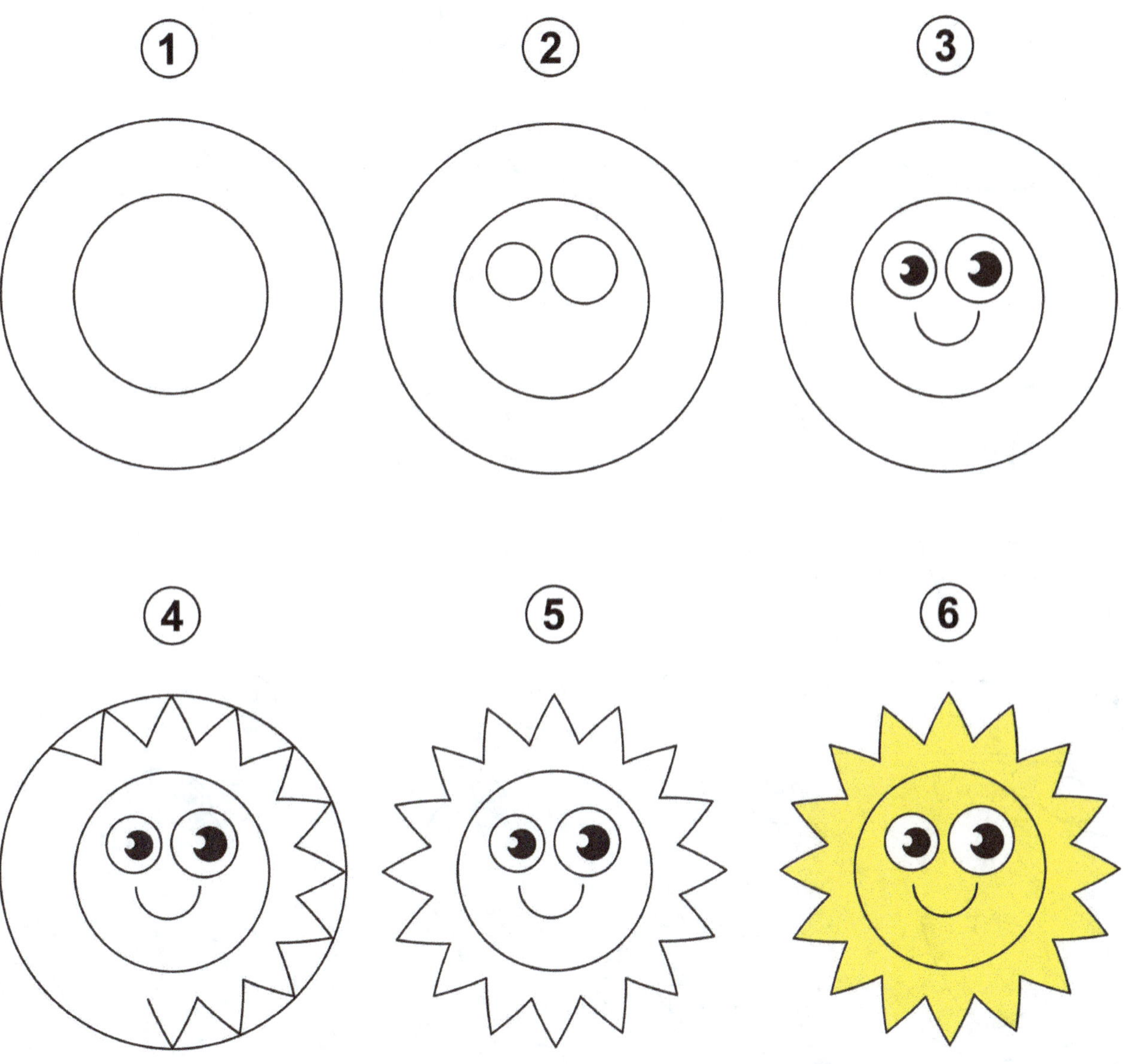

Cigno

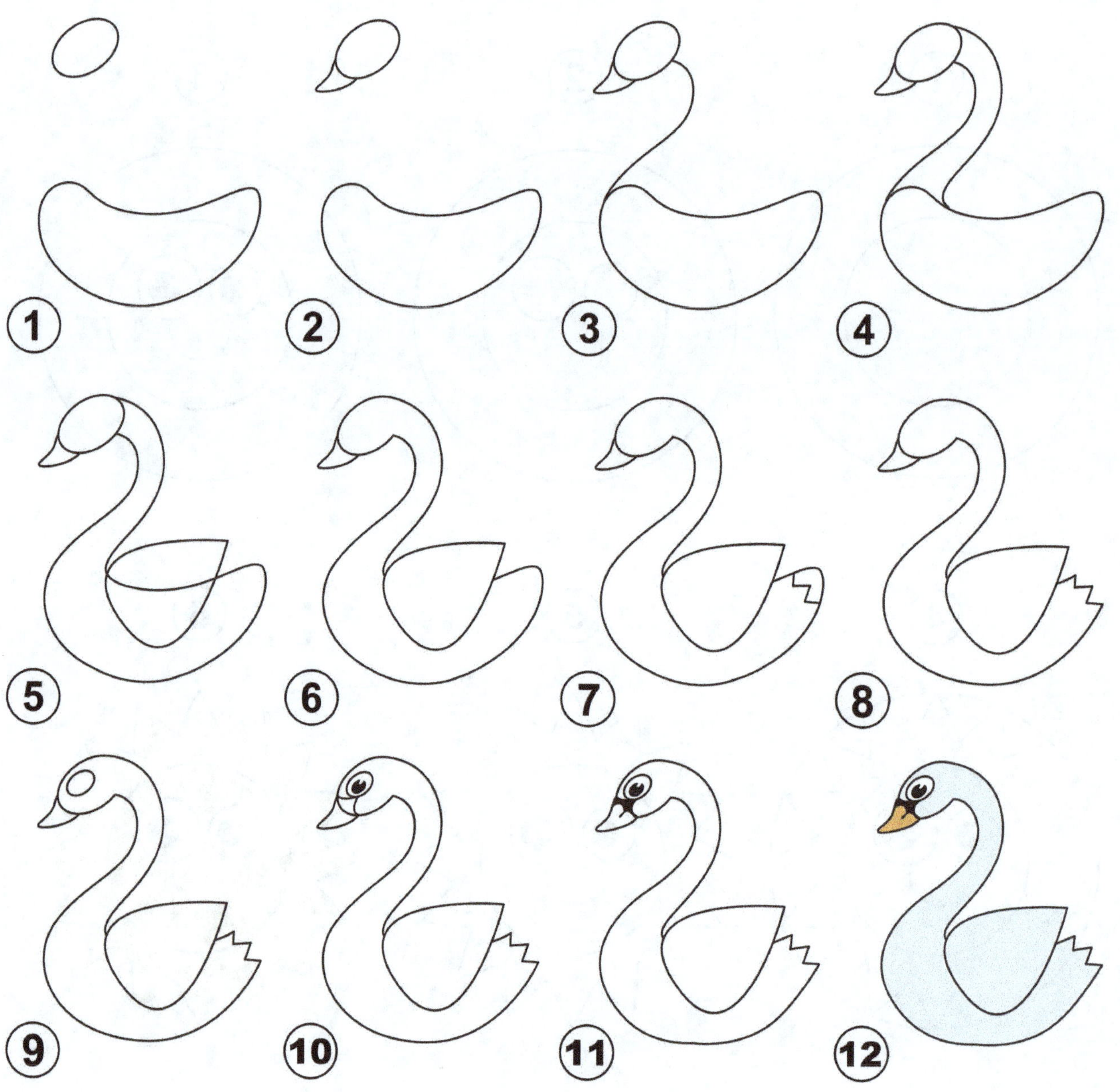

Sgabello Toad

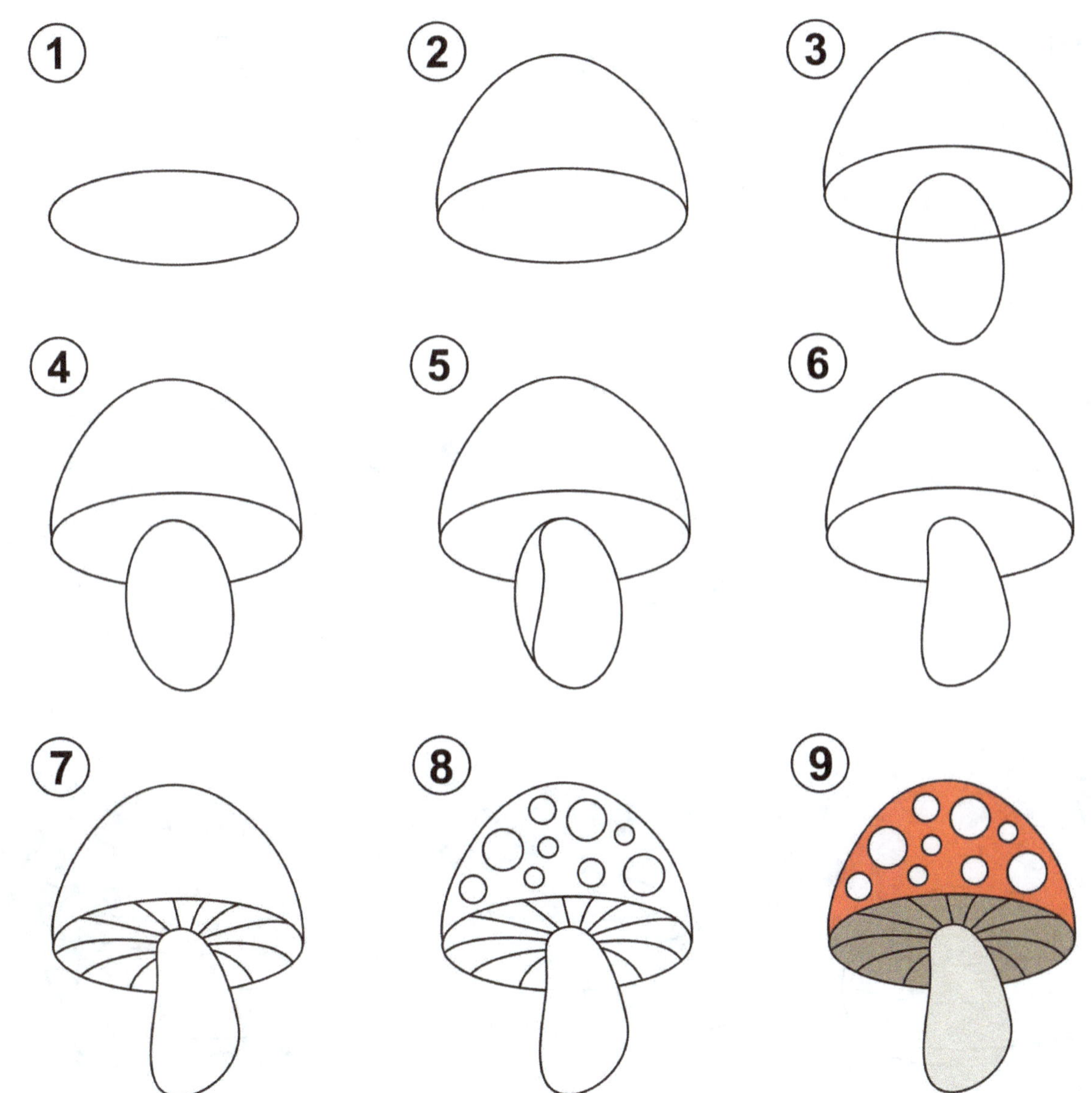

Tartaruga

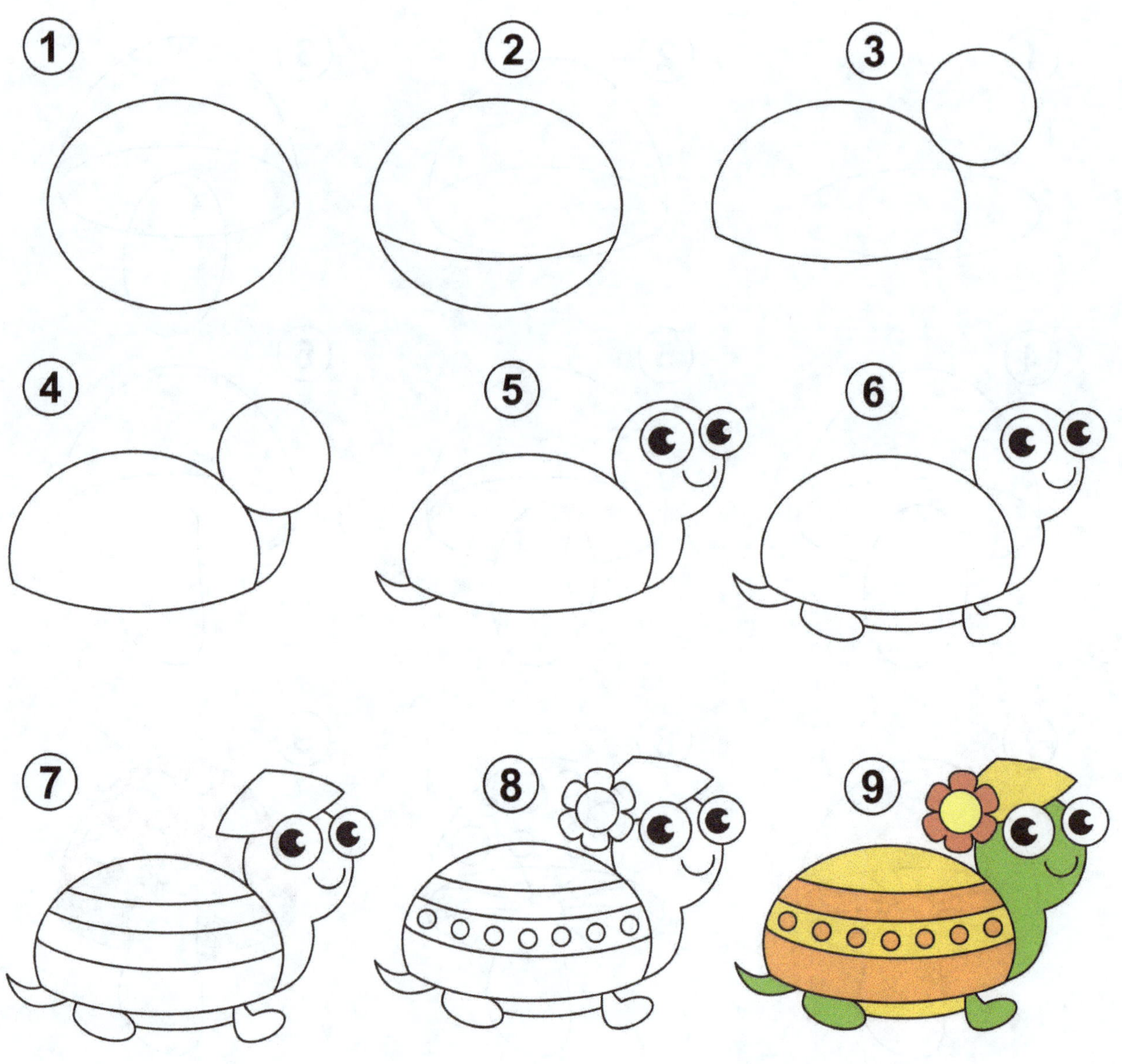

Ombrello

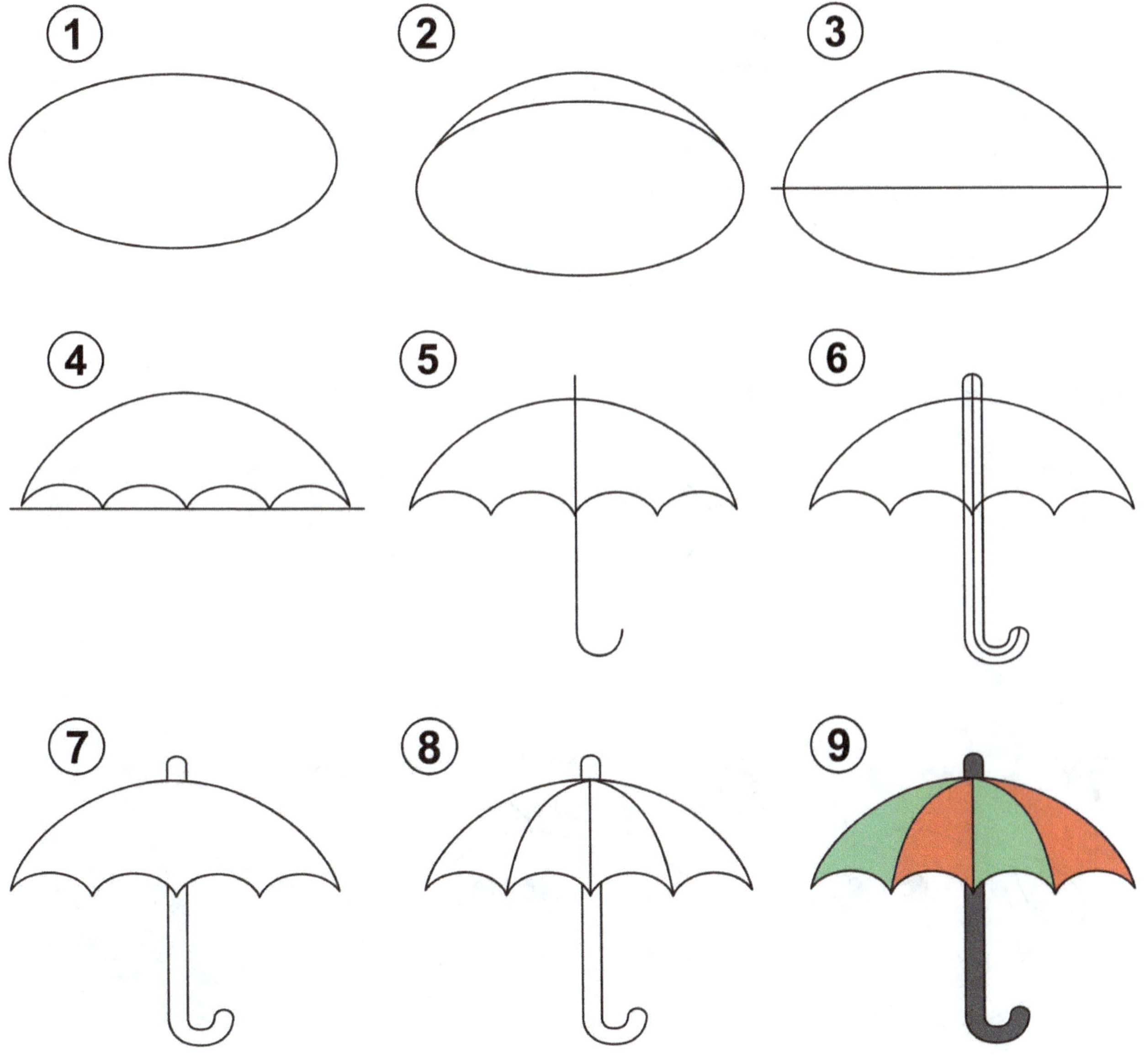

Balena

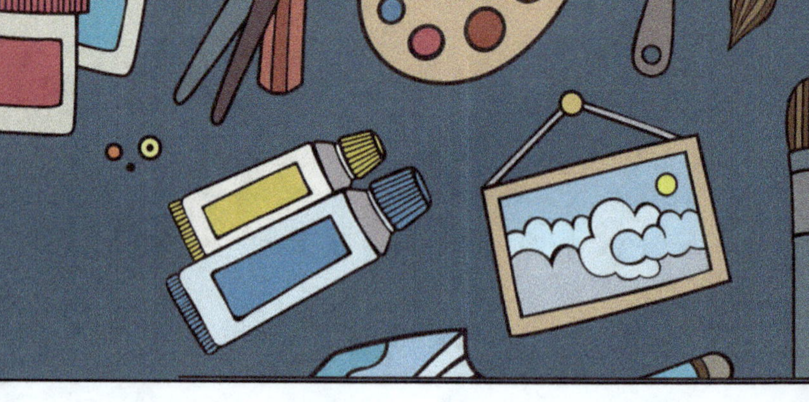

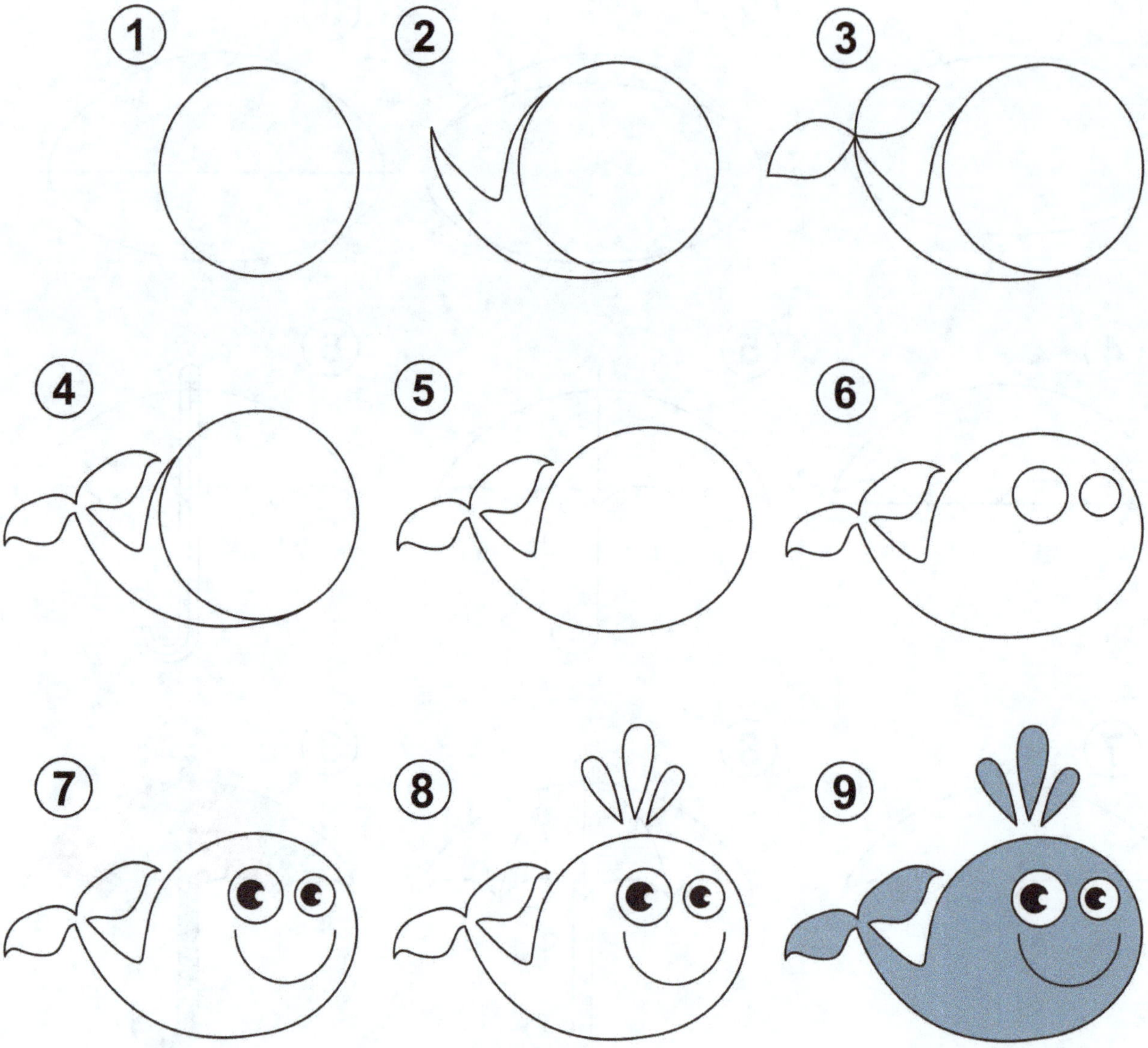

Yak

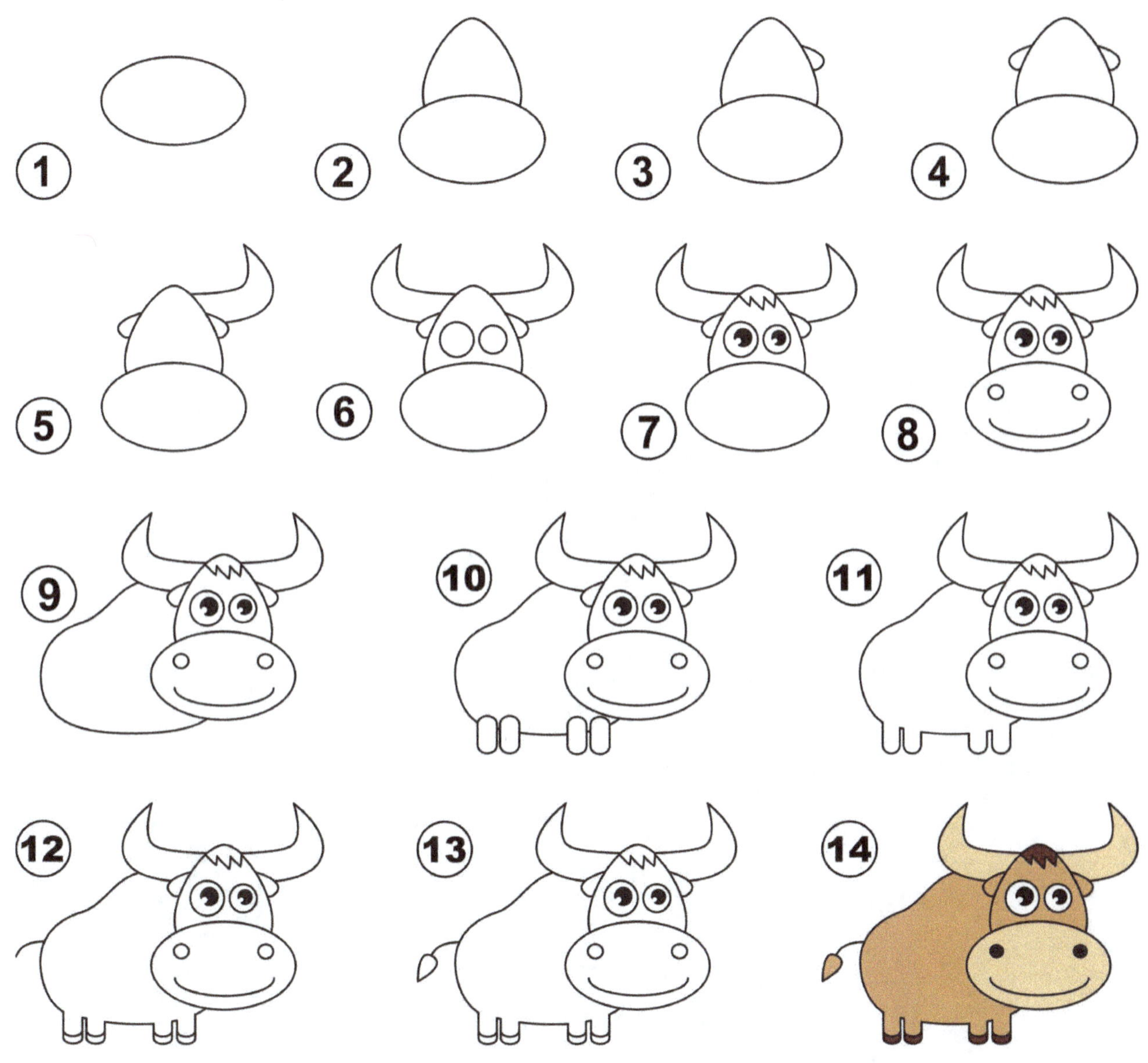